Obedience

Training, Sport, Wettkampf nach der neuen Prüfungsordnung

Uwe Wehner

KYNOS VERLAG

© 2003 KYNOS VERLAG
Dr. Dieter Fleig GmbH
Am Remelsbach 30
D-54570 Mürlenbach/Eifel
Telefon: 06594/653
Telefax: 06594/452
Internet: http://www.kynos-verlag.de

Alle Fotos: Uwe Wehner
Seite 5: Die deutsche Nationalmannschaft bei der WM 2002 in Amsterdam

Gesamtherstellung: Druckerei Anders GmbH, 54595 Niederprüm

ISBN 3-933228-59-X

Inhaltsverzeichnis

Inhaltsverzeichnis

VORWORT

Im März 2001 startete die in Deutschland neue Hundesportart Obedience mit einem Pilotprojekt nach holländischem Vorbild. Ursprungsland dieser faszinierenden Gehorsamsprüfung ist, wie der Name schon vermuten lässt (Obedience = Gehorsam) England, jedoch breitete sich Obedience sehr schnell auf dem europäischen Festland aus. Schweden, Dänemark, Norwegen, Finnland und Holland sind die führenden Nationen dieser Sportart, wo sie zum Teil schon seit über 50 Jahren ausgetragen wird.

In Deutschland gab es nur sehr wenige Hundesportler, die diese Prüfungsform kannten und im benachbarten Ausland starteten. Sie gehören in unserem Land zu den Pionieren dieser wundervollen und zugleich sehr anspruchsvollen Sportart. Ich selbst lernte Obedience vor etwa 13 Jahren kennen, als ich mit meiner Bobtailhündin Bonny zum Belegen nach Goes in Holland fuhr und dort mehrere Tage verbrachte.

Marien Schrijver, der Deckrüdenbesitzer, zeigte mir ein Video von seiner Obedience Prüfung mit Donnar. Ich war sehr beeindruckt von der Arbeitsweise dieses Bobtails. Marien erklärte mir die einzelnen Übungen der verschiedenen Prüfungsstufen und zeigte mir auf dem Übungsplatz einige Trainingsmöglichkeiten. Leider war man zu dieser Zeit in Deutschland, was Obedience betraf, noch auf sich alleine gestellt und ich wurde von anderen Hundesportlern wegen dieser Ausbildungstechniken eher belächelt, da ich nach jeder Übung mit der Leine mit meinem Hund spielte.

»Das ist das einzige Spielzeug, das du auch bei einem Spaziergang nie vergisst und das du auch bei einer Prüfung dabei haben darfst«, erklärte mir damals Marien und er hatte natürlich Recht. Inzwischen habe ich sehr viele neue Arbeitstechniken kennen gelernt und in mein Training eingebaut. Nicht jedes Team kommt mit der gleichen Ausbildungsmethodik zurecht und für einen Trainer ist es sehr wichtig zu erkennen, welche Technik man beim jeweiligen Team am besten anwendet.

Basierend auf den von mir eingereichten Änderungsanträgen an den dhv-Sportausschuss entstand nun eine seit 1. April 2002 gültige eigenständige Prüfungsordnung in Deutschland, nämlich die **VDH-Obedience-Prüfungsordnung.**

Die ersten Prüfungen nach diesem Reglement wurden ab Juli 2002 durchgeführt.

Grundsätzliches

Obedience ist eine Prüfungsform im Hundesport, bei der ein Hund freudig mit seinem Teamgefährten Mensch verschiedene Übungen meistert und ein kontrolliertes Verhalten in unterschiedlichen Situationen zeigt. Eine weitere große Herausforderung ist die Distanzarbeit, bei der der Hund auch mit einem größeren Abstand zum Hundeführer bereitwillig gehorcht.

Häufig wird diese Prüfungsform mit einer bestimmten Ausbildungstechnik verwechselt, da Obedience oft mit dem Begriff »positive Motivation« in Verbindung gebracht wird. Auch die Ausbildung über die Clicker-Technik ist für diesen Sport ideal und wird nicht selten benutzt.

PRÜFUNGEN UND WETTKÄMPFE

Obedience-Prüfungen werden in den Leistungsstufen Beginner-Klasse, Klasse 1, Klasse 2 und Klasse 3 durchgeführt.

Die Durchführungen in den Klassen Beginner-Klasse, Klasse 1 und 2 werden durch die **VDH-Obedience-Prüfungsordnung (VDH-OB PO)** geregelt. Die Klasse 3 wird durch das FCI-Reglement vorgegeben und entspricht der **FCI Internationale-Obedience-Klasse.**

In der Beginner-Klasse wird sehr auf die Wesensüberprüfung des Hundes Wert gelegt und man muss so genannte Pflichtübungen erfüllen. Erhält das Team bei nur einer der fünf Pflichtübungen keine Bewertung, ist es durchgefallen.

In den Leistungsklassen Obedience 1, 2 und 3 wird eine kontinuierlich ansteigende Leistungsanforderung und Weiterentwicklung der Übungen erkennbar.

ZULASSUNGSBESTIMMUNGEN

Teilnahmeberechtigt an Obedience-Prüfungen und Wettkämpfen sind alle Hunde ohne Rücksicht auf ihre Größe und Abstammung.

Da sich die Sprunghöhe der Hürde nach der Größe des Hundes richtet, werden auch kleinere Hunde nicht benachteiligt.

Zum ersten Start bei einer Obedience Prüfung ist der Nachweis einer erfolgreich abgelegten VDH-Begleithundeprüfung bzw. VDH-Begleithundeprüfung A erforderlich. Diese Einsteigerprüfung wird auch in anderen Hundesportarten vorausgesetzt.

Der Eigentümer des Hundes und der Hundeführer müssen eine gültige Mitgliedschaft in einem Hundeverein nachweisen, der dem Verband für das Deutsche Hundewesen (VDH) oder der FCI angeschlossen ist.

Für den Hund muss eine gültige Leistungsurkunde vorgelegt werden können, die man über seinen Hundeverein vom zuständigen Verband beantragen kann.

ENTWICKLUNG DER LEISTUNGSANFORDERUNGEN

Übungen	Beginner-Klasse	Obedience 1	Obedience 2	Obedience 3
Sitzen in der Gruppe		1 Minute Hundeführer in Sicht des Hundes	2 Minuten Hundeführer in Sicht des Hundes	2 Minuten Hundeführer außer Sicht
Liegen in der Gruppe	2 Minuten Hundeführer in Sicht des Hundes	3 Minuten Hundeführer in Sicht des Hundes	3 Minuten Hundeführer außer Sicht	4 Minuten Hundeführer außer Sicht
Leinenführigkeit	Kurzes Laufschema	Zusätzlich Figur 8 Laufschritt	entfällt	entfällt
Freifolge	Wie Leinenführigkeit	Wie Leinenführigkeit	Figur 8 entfällt, dafür Slalom zusätzlich langsamer Schritt	Wesentlich längeres Schema mit weite- ren Anforderungen
Steh/Sitz/Platz aus der Bewegung	Sitz Hundeführer entfernt sich gerade	Platz Hundeführer umkreist Viereck	Sitz/Platz Hundeführer umkreist Viereck	Steh/Sitz/Platz Hundeführer umkreist Viereck
Kommen mit Steh und Platz	Abrufen aus dem Viereck	Größere Distanz	Kommen mit Platz	Kommen mit Steh und Platz
Viereck	Zurückschicken zur Leine	Größere Distanz	Bezug Leine fehlt	Zum Pylon schi- cken, ins Viereck senden und Anschließen
Apportieren	Gegenstand nach Wahl	Holz- oder Kunststoff- gegenstand	Metallapportel	Mit Richtungs- anweisung
Apport über die Hürde			Holzapport	Metallapport
Geruchsunterscheidung			Aus maximal 6 Gegenständen	Aus 6 Gegen- ständen Fremdgeruch
Kontrolle auf Distanz		Platz/Sitz/Platz	Platz/Sitz/Steh/Platz	6 Positionswechsel

Grundsätzliches

Der Impfpass des Hundes, die Leistungsurkunde und der Nachweis einer bestehenden Haftpflichtversicherung sind bei jeder Prüfung vorzulegen.

Alle Hunde müssen entweder durch Tätowierung oder durch Chip eindeutig identifizierbar sein.

Zulassungsalter der Hunde am Tag der Prüfung

Beginner Klasse	15 Monate
Obedience 1	15 Monate
Obedience 2	16 Monate
Obedience 3	17 Monate

Zuordnung zu den Klassen und Aufstiegsmöglichkeiten
Nachdem ein Team die Wertnote vorzüglich erreicht hat, darf es in die nächst höhere Klasse aufsteigen. Es darf so lange in derselben Klasse gestartet werden, bis die Qualifikation in die nächst höhere Klasse erreicht und in dieser gestartet wurde. Ein Zurückstufen des Hundes ist nicht gestattet.

Der Organisator einer Obedience-Prüfung muss über ein ausreichendes Gelände (im Freien mindestens 25 x 40 Meter, in der Halle 20 x 30 Meter) verfügen.

BEWERTUNG
In allen Klassen beträgt die maximale Punktzahl 320 Punkte. Dabei gelten folgende Abstufungen:

vorzüglich	256 - 320	Punkte
sehr gut	224 - 255,5	Punkte
gut	192 - 223,5	Punkte

Die gezeigten Leistungen werden nach folgender Skala benotet:

0 - 5 - 5,5 - 6 - 6,5 - 7 - 7,5 - 8 - 8,5 - 9 - 9,5 - 10

Allen Übungen wurde ein bestimmter Koeffizient zugeordnet, der sich hauptsächlich nach dem Schwierigkeitsgrad der Übung richtet. Die Benotung des Richters wird nun mit dem Koeffizienten multipliziert und ergibt die Bewertung der Übung.

<u>Berechnungsbeispiel:</u>

Koeffizient der Übung	= 3
Maximale Benotung	= 10
Maximale Bewertung	= 30

Nach fehlerhafter Ausführung dieser Übung zeigt der Leistungsrichter die Benotung 7,5. Daraus ergibt sich folgende Berechnung:

Koeffizient der Übung	= 3
Gezeigte Benotung	= 7,5
Erreichte Bewertung	= 22,5

Ein Hund, der während der Ausführung einer Übung das Prüfungsgelände oder den Ring verlässt, bekommt für diese Übung keine Punkte.

In der Beginner-Klasse müssen zusätzlich in den Übungen 1, 2, 6, 8 und 11 jeweils mindestens 5 Punkte erreicht werden. Diese Übungen werden auch als Pflichtübungen bezeichnet.

Der Obedience Leistungsrichter muss seine vergebene Punktzahl nach jeder Übung mittels Anzeigetafel sowohl für den Hundeführer als auch für das Publikum gut sichtbar anzeigen.

BEFEHLE/KOMMANDOS/ HÖRZEICHEN

Alle Kommandos sind im Obedience vom Hundeführer frei wählbar, solange diese aus einem Wort bestehen. Festgelegt ist die Anzahl der Befehle, die bei den einzelnen Übungen gegeben werden dürfen. Der Name des Hundes darf in der Beginner-Klasse, Klasse 1 und 2 unmittelbar vor die Hörzeichen gesetzt werden. In der Klasse 3 ist dies nicht gestattet und wird mit Abzug als Doppelkommando gewertet.

DER RINGSTEWARD

Die Organisation einer Obedience-Prüfung wird durch den Ringsteward durchgeführt. Er ist eine wichtige Persönlichkeit bei Wettkämpfen und ist Ansprechpartner der Prüflinge vor, während und nach der Prüfung. Er ist für den korrekten Ablauf verantwortlich und muss die notwendigen Sachkenntnisse besitzen. Während der Übungen gibt er die Anweisungen für die Ausführung, da der Hundeführer im Obedience bis auf wenige Ausnahmen keine Befehle ohne Aufforderung des Stewards geben darf. Er steht dem Leistungsrichter während des gesamten Wettbewerbes zur Verfügung, hat jedoch keine Entscheidungskompetenz.

Die Geruchsunterscheidung: eine Spezialität der Obedience.

Basistraining

Möchte man einen Hund für den Obedience-Sport ausbilden, ist ein regelmäßiges Basistraining unerlässlich. Dabei benötigt man nicht besonders viel Platz und ein täglicher Zeitaufwand von etwa 15 Minuten genügt bereits, um ein sinnvolles Training zu gestalten.

SPIELTRAINING

Für Welpen und junge Hunde ist es von großer Bedeutung, ein Spieltraining einzuführen, bei dem das Team miteinander zu arbeiten lernt. Außerdem bringen wir unserem Hund bei, dass wir auch beim Spielen die Kontrolle übernehmen. Wir bestimmen wann, wie lange und mit was gespielt wird. Ganz wichtig ist es, das Spiel rechtzeitig zu beenden. Verliert der Hund erst einmal die Freude daran, haben wir zu lange mit ihm herumgetobt und sein Verlangen nach dieser Beschäftigung nimmt immer mehr ab. Somit würden wir ein sehr wichtiges Motivationselement für unsere Ausbildung verlieren. Mit dem Hund spielen will gelernt sein! Viele Hundesportvereine bieten Welpenspiel- und Prägungstage an, die für unseren vierbeinigen Freund von großer Wichtigkeit sind. Nutzen Sie dieses Angebot aus, es wird sich auf jeden Fall lohnen.

SITZ, PLATZ, STEH

Diese Grundübungen beginne ich schon im Welpenalter. Mit der Motivation Futter sind sie sehr gut anzutrainieren, indem ich meine Hand in verschiedene Richtungen führe und den Welpen veranlasse, bestimmte Positionen einzunehmen.

Bin ich mir sicher, dass ich die richtigen Handbewegungen für meinen Welpen gefunden habe und er diese Positionen zeigt, füge ich gleichzeitig das Hörzeichen hinzu.

Es kommt bei dieser Sportart sehr auf die richtige Ausführungstechnik des Hundes an. Bei der Distanzkontrolle führt der Hund in der Klasse 3 sechs Positionswechsel durch und darf sich nicht vom Ausgangspunkt wegarbeiten. Dies gelingt nur, wenn der Hund die richtige Arbeitsweise gründlich erlernt hat. Entweder arbeitet er mit den Hinterbeinen und lässt die Vorderbeine stehen, oder umgekehrt. Beide Techniken haben so ihre Tücken.

Position Sitz:

Ich führe das Leckerchen mit der Hand über den Kopf des Welpen nach hinten. Der Welpe folgt dieser Motivation mit dem Kopf und setzt sich.

Arbeite ich mit dem Clicker, erfolgen Click und Belohnung. Ansonsten lobe ich meinen Hund und gebe das Leckerchen aus meiner Hand frei.

Gelingt mir diese Übung, füge ich, wie schon erwähnt, das Hörzeichen hinzu.

Silvia Ruf mit ihrem Schipperke Welpen Easy.

Der Hund wird mit den Hinterbeinen arbeiten und sich nach hinten bewegen. Die Vorderbeine bleiben stehen.

Führe ich das Leckerchen vom Kopf nach unten und gleichzeitig etwas nach vorne, wird der Hund die Hinterbeine stehen lassen und mit den Vorderpfoten nach vorne arbeiten.

Legt sich der Hund in der von uns beabsichtigten Technik hin, wird er wieder über den Clicker bestätigt und erhält seine Belohnung. Auch bei dieser Übung füge ich das Hörzeichen erst bei zuverlässiger Ausführung hinzu.

Die Ausführung durch den Hund, unser Hörzeichen und die Bestätigung müssen gleichzeitig oder aber unmittelbar hintereinander erfolgen, damit wir beim Hund Verknüpfungen erstellen können.

Vom Sitz ins Platz:
Ich führe das Leckerchen vom Kopf des Hundes zwischen die Vorderpfoten.

Vom Platz ins Sitz:
Führen wir unser Motivationsmittel über den Kopf nach hinten, wird der Hund sein Hinterteil nicht bewegen, sondern die Vorderbeine anstellen. Er arbeitet also mit den Vorderpfoten.

Locke ich den Hund mit dem Leckerchen nach oben und etwas nach vorne gerichtet, wird er die Vorderpfo-

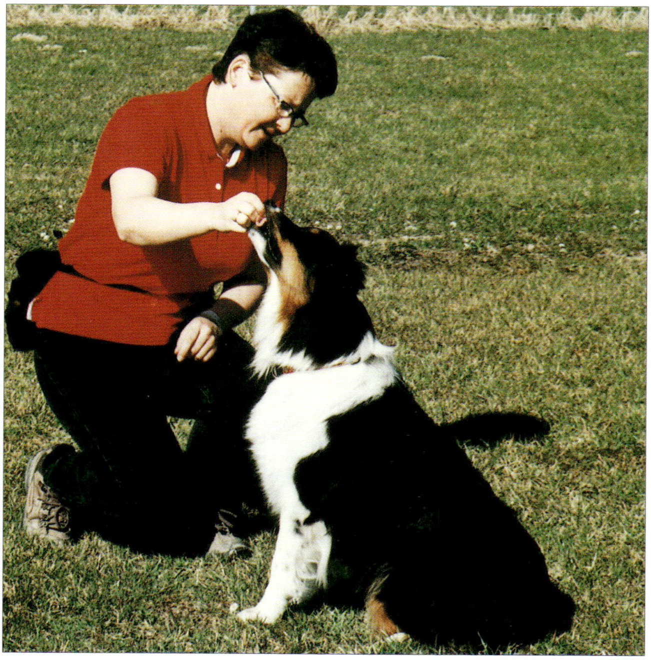

Claudia Bosselmann mit Hope beim Positionstraining.

ten stehen lassen und die Hinterbeine nach vorne ziehen.

Position Steh:
Diese Position wird häufig vernachlässigt, da der Hund diese Stellung erst in den höheren Klassen zeigen muss. Ich bin allerdings der Meinung, dass im Obedience nicht früh genug damit begonnen werden kann.

Am Anfang trainiere ich nur den Positionswechsel von Sitz ins Steh. Dabei befinde ich mich neben dem Hund und halte ein Leckerchen mit der rechten Hand vor seine Nase. Mit der linken Hand versuche ich meinen Hund von unten in die Stehposition zu führen.

Da ich ihm mit der rechten Hand den Weg nach vorne blockiere, wird er die Vorderpfoten stehen lassen und die Hinterbeine nach oben drücken. Bewege ich das Leckerchen vorsichtig nach vorne, wird er mit den Vorderpfoten nach vorne arbeiten und die Hinterbeine stehen lassen.

GRUNDSTELLUNG
Da beinahe jede Übung mit einer Grundstellung beginnt und endet, ist eine präzise Ausführung außerordentlich wichtig.

In der Grundstellung sitzt der Hund ruhig und gerade an der linken Seite des Hundeführers. Die Schulter des Hundes befindet sich auf Kniehöhe des Hundeführers und die Vorderpfoten sollten beinahe senkrecht durchgestreckt sein.

Auf unser Hörzeichen »Fuß« soll der Hund diese Position einnehmen, egal wo wir stehen.

Für das Training lassen wir unseren angeleinten Hund in der Sitzposition einen Schritt hinter uns. Mit einem Leckerchen, das sich in unserer linken Hand befindet, locken wir den Hund neben uns, gehen noch ein paar Schritte nach vorne und bestätigen ihn für diese Position.

Clicker-Technik: Click und bestätigen.

Sind wir sicher, dass unser Hund den korrekten Ablauf zeigt, kündigen wir diese Übung mit dem Hörzeichen »Fuß« an. Es kommt in dieser Phase noch nicht darauf an, ob unser Hund neben uns in die Sitzposition gebracht wird. Wir vermitteln ihm nur, dass das Kommando »Fuß« bedeutet, neben uns zu sein. Später soll er unserem linken Bein folgen, gleich welche Winkel, Bögen und Kurven wir gehen und sich in die Grundstellung begeben, sobald wir stehen bleiben.

Hat unser Hund nun verknüpft und gelernt, dass er sich nach dem Kommando »Fuß« neben uns anschließen soll, beginnen wir die Grundstellung mit einzuüben. Die linke Hand, in der wir ein Leckerchen bereit halten, wird nun leicht nach links außen geführt, gleichzeitig erhält der Hund die Anweisung sich zu setzen. Hat man die Positionsübungen für Steh, Sitz und Platz richtig trainiert, wird der Hund in die Sitzposition gehen. Dabei wendet er seinen Kopf nach links außen, um dem Leckerchen zu folgen. Gleichzeitig bewegt er sein Hinterteil nach rechts. Dadurch erhalten wir eine präzise Grundstellung. Dafür wird unser Hund natürlich wieder gelobt und bestätigt.

Oder: Click und Belohnung!

Nach dieser Übung fügen wir Winkel in verschiedenen Richtungen ein, wobei langsam die Anzahl der Vorwärtsschritte abgebaut wird. Ziel dieser Übung ist, dass wir neben unserem Hund verschiedene Positionen und Winkel einnehmen können und unser Hund sich immer wieder nach unserem linken Bein ausrichtet.

VORSITZEN

Sitzt ein Hund richtig vor, wird er seine Vorderpfoten zwischen unsere Beine stellen und der Kopf befindet sich unmittelbar vor unserem Körper. Dabei ist natürlich zu beachten, dass sich der Hundeführer richtig positioniert, indem er die Beine leicht spreizt. Wird es übertrieben gezeigt, wird der Richter im Wettkampf eine Führerhilfe bemängeln, steht man zu eng, kann sich der Hund nicht eng genug ausrichten.

Diese Übung trainiere ich nicht auf Distanz, sondern nur aus geringer Entfernung. Eine Möglichkeit besteht darin, dass ich den Hund mit einem Leckerchen in der Hand mit ausgestreckten Armen in die gewünschte Position führe, indem ich die Arme zum Körper bewege und die Hände nach oben ziehe. Zeigt der Hund die gewünschte Stellung, wird er gelobt und bestätigt.

Oder: Click und Belohnung!

Grundsätzlich müssen wir darauf achten, dass wir den Hund nicht über Korrekturen ausbilden und danach bestätigen. Zeigt unser Vierbeiner eine falsche Ausführung und wir korrigieren ihn dann in einer Zeit, in der der Hund noch Verknüpfungen erstellen kann, wird unser Hund auch immer wieder diesen Ablauf zeigen.

Zum Beispiel:
Weites Vorsitzen - Korrektur zum engen Vorsitzen - Bestätigung.

Man geht inzwischen davon aus, dass wir beim Hund in einem Zeitrahmen von etwa einer halben Sekunde Verknüpfungen erstellen können. Ohne irgendwelche Ablenkungen kann dieser Zeitrahmen beinahe drei Sekunden betragen. Um also sicher zu gehen, dass wir keine falschen Verknüpfungen herstellen und einen gekoppelten Ablauf antrainieren, müssen wir unsere Korrekturen unbedingt außerhalb dieses Zeitrahmens vornehmen.

Am einfachsten ist es, beim Basistraining in kleinen Lernschritten zu trainieren um Fehler zu vermeiden, falsche Ausführungen zu ignorieren und nur richtige Abläufe zu bestätigen.

Eine weitere gute Technik ist, den Hund aus unserem Mund zu bestätigen. Dabei verwende ich gerne Käsestückchen oder Wurstwürfel, die der Hund nach dem engen Vorsitzen auffängt.

KOMBINATIONSTRAINING: GRUNDSTELLUNG - VORSITZEN

Ziel dieser Übung ist es, den Hund aus der Grundstellung heraus mit der Anweisung »Hier« zum Vorsitzen zu dirigieren. Durch dieses Kombinationstraining festigen wir die Verknüpfung der Hörzeichen und der Hund lernt, sich gerade in die Positionen auszurichten. Für diese Übung lassen wir unseren Hund in Grundstellung gehen und setzen unseren linken Fuß einen Schritt nach vorne. Dadurch erhalten wir einen längeren Arbeitsweg. Mit dem Leckerchen in der Hand wird der Hund in einem Bogen um den linken Fuß herum geführt und dann in die korrekte »Hier-Position« gebracht. Nach und nach verkürzen wir die Strecke, die unser linkes Bein nach vorne gesetzt wird, bis wir unsere Grundstellung nicht mehr zu verändern brauchen.

SCHNELLES KOMMEN

Um ein gutes und schnelles Kommen zu erreichen, beginnen wir bereits im Spieltraining die Voraussetzungen dafür zu erarbeiten. Die Motivation »Spielzeug« ist bei Arbeitsgeschwindigkeitsübungen unschlagbar. Schon im Welpenalter erlernt unser Hund

einem Spielzeug nachzujagen, das wir durch unsere gespreizten Beine werfen. Dadurch, dass der junge Hund diesem Spielzeug folgt, erhalten wir eine gerade Laufrichtung. Nachdem der Welpe aus nächster Nähe dieser Beute folgt und gezielt durch unsere Beine jagt, vergrößern wir den Abstand des Hundes zu uns. Dabei benötigen wir natürlich einen Helfer, der unseren Welpen festhält. Anfangs zeigen wir die Beute, bevor wir den Welpen abrufen. Im Laufe der Ausbildung und der Weiterentwicklung des Hundes halten wir die Beute in der Hand versteckt. Erst kurz bevor der Hund bei uns ist, spreizen wir die Beine und werfen den Ball hindurch.

Gerli Putzke mit Blaze beim Basistraining.

Helfer und Gerätebedarf

HELFER UND ARBEITSKRÄFTE FÜR OBEDIENCE-PRÜFUNGEN

1 Obedience-Leistungsrichter
1 Steward
2 Schreibkräfte für Auswertung
1 Ringhelfer

GERÄTE UND MATERIALBEDARF

Beginner-Klasse

- 4 Kegel (Pylonen) für Übungen 8 und 9
- Mehrere Kegel für Markierungszwecke (zirka 6 Stück)
- Farbiges Klebeband für Hallenprüfungen

Obedience 1

- 2 Kegel für Übung 3 und 4
- 4 Kegel für Übung 5
- 4 Kegel für Übung 6 und 7
- 2 Kegel für Übung 10
- Mehrere Markierungskegel ***(zusammen mindestens 18 Kegel)***

- Obedience Hürde
- Apportiergegenstände zwischen 175 g und 650 g (für den Notfall)
- Farbiges Klebeband für Hallenprüfungen

Obedience 2

- 6 Kegel für Übung 3
- 4 Kegel für Übung 4
- 4 Kegel für Übung 6
- 2 Kegel für Übung 10
- Mehrere Markierungskegel ***(zusammen mindestens 22 Kegel)***
- Obedience Hürde
- Apportiergegenstände zwischen 175 g und 650 g (für den Notfall)
- Metallapportel (für den Notfall)
- Gegenstandszange für Übung 9
- Geruchshölzer (8 cm - 10 cm lang, 2 cm - 3 cm breit und hoch) für jeden Hund in dieser Klasse mindestens 6 Stück
- Farbiges Klebeband für Hallenprüfungen

Obedience 3

- 4 Kegel für Übung 4
- 4 Kegel für Übung 6
- 1 Kegel für Übung 7
- 2 Kegel für Übung 10
- Mehrere Markierungskegel ***(zusammen mindestens 18 Kegel)***
- Obedience Hürde
- Je 3 Apportierhölzer mit den Gewichten 200 g, 400 g und 650 g

Helfer und Gerätebedarf

- Je 1 Metallapportiergegenstand mit dem Gewicht von 200 g, 400 g und 650 g
- Gegenstandszange für Übung 9
- Geruchshölzer (8 cm - 10 cm lang, 2 cm - 3 cm breit und hoch) für jeden Hund in dieser Klasse mindestens 6 Stück
- Farbiges Klebeband für Hallenprüfungen

RINGAUFBAU (Beispiel)

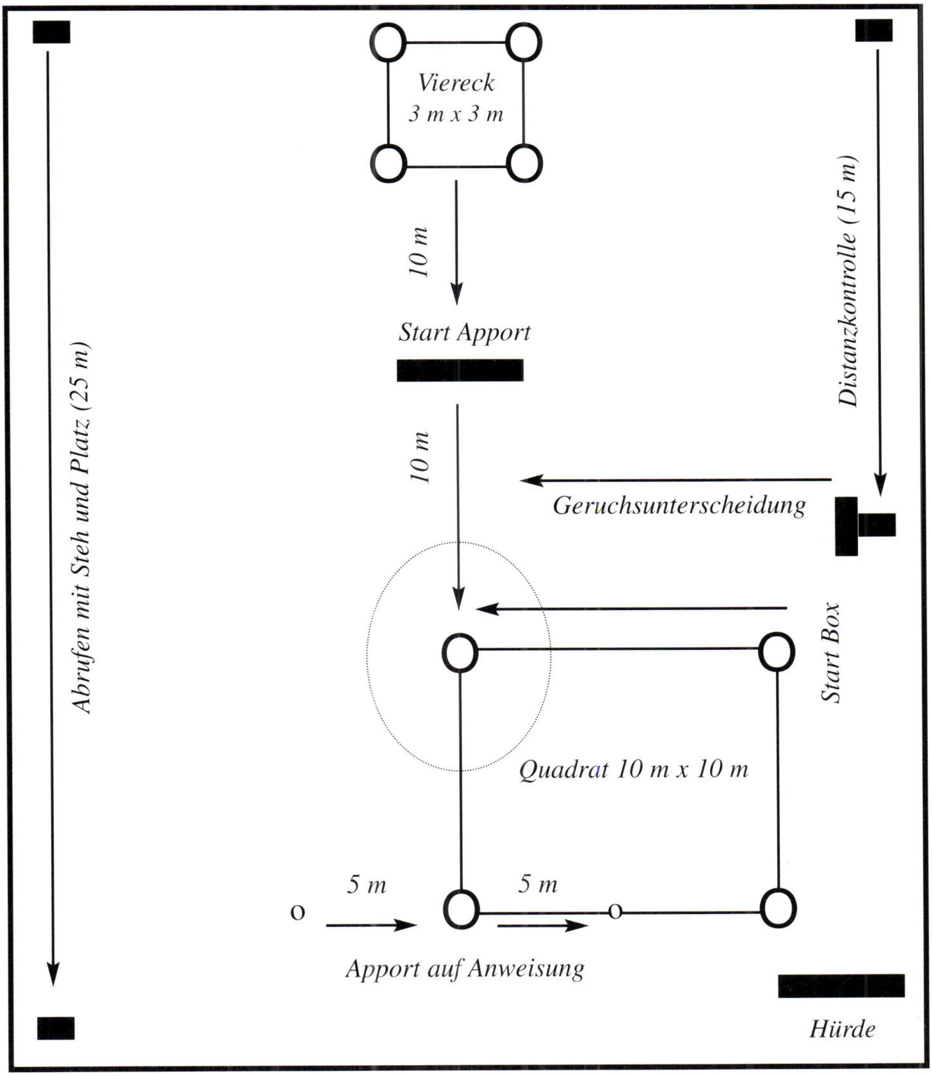

BEGINNER-KLASSE

ÜBUNG 1: VERHALTEN GEGENÜBER ANDEREN HUNDEN (Pflichtübung)

Koeffizient: 4
Maximale Punktzahl: 40

Kommandos: Anzahl 1
Beispiel: »Fuß«

Übungsbeschreibung:
Die Teams stehen in einem Abstand von drei Metern zueinander in einer Reihe. Die Hunde sitzen neben dem Hundeführer in Grundstellung. Beginnend bei Nummer eins gehen die Teams vor und hinter der aufgestellten Reihe her. Der Abstand zwischen dem absolvierenden Team und den anderen Teilnehmern darf nicht mehr als ein Meter betragen.

Anmerkung:
Das Verhalten der Hunde muss normal freundlich oder gleichgültig sein, es darf keinesfalls feindlich oder störend sein. Hunde, die anderen Hunden gegenüber ausfallend werden, werden disqualifiziert und von der weiteren Teilnahme ausgeschlossen.

Punktabzug kann erfolgen wenn
- ein Hund während dieser Übung korrigiert werden muss.

Als Durchgefallen gilt, wenn diese Übung mit 0 bewertet wird.

Hochkonzentriert auf den Teamgefährten.

TRAININGSMÖGLICHKEITEN

Welpenspiel- und Prägungstage:
Nicht zu unterschätzen ist das Training in der Welpenspielstunde und die Fortsetzung im Junghundetraining. Hier lernen die Welpen, miteinander zu spielen.

Der Kontakt zu verschiedenen Rassen und Artgenossen ermöglicht es dem Welpen, ein artgerechtes Verhalten gegenüber seinen Spielgefährten zu erlernen. Es ist für diese Hunde nichts Ungewöhnliches, auch in der Gruppe mit dem Teamgefährten Mensch zu arbeiten. Gute Hundeführer sind in der Lage, den Welpen und anschließend den jungen Hund über ein gezieltes Spieltraining an sich zu binden und können so die Arbeitswilligkeit ihres Vierbeiners auch unter schwierigen Bedingungen abrufen.

Spielerisch erlernen die Welpen verschiedene Geräte zu durchqueren.

Vorbereitung erwachsener Hunde:
Die Arbeit in einer Gruppe ist für einen Hund sehr schwierig, wenn er nicht systematisch darauf vorbereitet wurde. Er ist von seinen Artgenossen so fasziniert und abgelenkt, dass die Ausbildung in dieser Situation beinahe unmöglich erscheint. In diesem Fall die beste Möglichkeit, eine Teambildung zwischen Mensch und Hund herbeizuführen.

Gruppenarbeit:
Anfangs sollte die Entfernung zwischen den Teams relativ groß sein und auch die einzelnen Teams werden in

trainieren wir in großer Distanz zu einem einzelnen Hund oder einer Gruppe und verringern in vielen Trainingseinheiten die Entfernung zu seinem Artgenossen. Ist der Hund in einer zu starken Stresssituation, lernt er nichts mehr bei der Ausbildung und es wird immer ein Kampf mit dem am anderen Ende der Leine befindlichen Mensch bleiben.

Spieltraining oder auch das Arbeiten mit besonders schmackhaften Leckerchen ist auch bei diesen Hunden weitem Abstand an der Gruppe vorbei geführt. Wie bei der Vorbereitung zu der Gruppenarbeit benutzen wir Spielzeug oder Leckerchen für die Motivation des Hundes.

Nach und nach wird der Abstand der Teams zueinander und die Entfernung des umkreisenden Teams auf Prüfungsdistanz verkleinert.

Nun ist es an der Zeit, Schwierigkeiten einzubauen, indem man andere Teams mit in die Gruppe aufnimmt oder Slalomübungen durchführt.

Die Hundeführer bewegen sich um die im »Platz« abgelegten Hunde.

ÜBUNG 2: STEHEN UND BETASTEN (Pflichtübung)

Koeffizient: 2
Maximale Punktzahl: 20

Kommandos: Anzahl 4
Beispiel: »Fuß«, »Steh«, »Sitz«, »Fuß«

Übungsbeschreibung;
Auf Hörzeichen muss der Hund neben dem Hundeführer stehen bleiben. Auf Anweisung des Obedience-Leistungsrichters stellt sich der Hundeführer schräg vor seinen Hund. Es liegt im Ermessen des Hundeführers, seinen Hund abzuleinen. Wird der Hund an der Leine geführt, muss diese durchhängen. Die Leine darf nicht gestrafft werden. Der Hund muss sich nun im Stand von allen Seiten vom Obedience-Leistungsrichter betasten lassen. Dies alles muss der Hund ruhig zulassen, ohne sich unruhig zu winden oder zu drehen um auszuweichen, oder zu versuchen den Obedience-Leistungsrichter zu beißen. Eine einfache, geringe Fortbewegung wird nicht angerechnet. Auf Anweisung des Leistungsrichters geht der Hundeführer wieder neben seinen Hund und gibt das Hörzeichen zur Grundstellung. Der Hund muss gerade neben dem Hundeführer sitzen.

Anmerkung:
Während des Betastens darf der Hundeführer dem Hund beruhigend zureden, das dürfen aber keine Hörzeichen sein.

Punktabzug kann erfolgen wenn
- der Hund in der Grundstellung nicht gerade neben dem Hundeführer sitzt,
- der Hund mit Hilfe des Hundeführers in den Stand gebracht werden muss.
- Knurren und/oder Angriffe auf den Leistungsrichter.

Als Durchgefallen gilt, wenn diese Übung mit 0 bewertet wird.

TRAININGSMÖGLICHKEITEN

Zerlegen der Übung:
Eine grundsätzliche Ausbildungspraxis ist es, Übungen in einzelne kleine Einheiten zu zerlegen und anzutrainieren. Später erst werden dann diese Kleinstübungen zur Gesamtübung zusammengesetzt. Folgende Einheiten werden bei dieser Übung gebildet:
1. Bei Fuß gehen
2. Selbstständiges Sitzen nach dem Anhalten
3. Positionswechsel von Sitz ins Steh
4. Halten der Stehposition beim auf die Seite gehen
5. Abfühlen lassen
6. Stehposition halten beim Herantreten des Hundeführers
7. Positionswechsel von Steh ins Sitz

Bei dieser Auflistung der Einzelübungen kann man die Schwierigkeit dieser Übung erkennen. Außer zu

Punkt 5 werde ich bei den entsprechenden Übungen Trainingsmöglichkeiten aufzeigen.

5. Abfühlen lassen:
Nicht jeder Hund lässt sich bereitwillig abfühlen. Es ist sehr wichtig, frühzeitig mit dem Training für diese Übung zu beginnen. Ich versuche am Anfang die Konzentration des Hundes auf ein Spielzeug oder Leckerchen zu lenken. Die Position, die der Hund in dieser Ausbildungsphase einnimmt, ist zweitrangig. Nachdem ein Helfer am Hund vorbei gegangen ist, wird der Hund gelobt und über die Motivationshilfe Spielzeug oder Leckerchen bestätigt.

Clicker-Technik: Click und bestätigen.

Nach mehreren Trainingseinheiten wird die Distanz des Helfers verringert und es erfolgen kurze Berührungen. Immer wieder wird dabei der Hund über die Motivationshilfe bestätigt oder die Auflösung der Übung erfolgt über die Clicker-Technik. Hat man inzwischen erreicht, dass der Hund kurze Berührungen vom Helfer akzeptiert, wird die Motivationshilfe kurzzeitig hinter dem Rücken versteckt. Langsam bauen wir die Hilfe ab. Auch der Helfer wird in dieser Ausbildungsstufe immer wieder gewechselt. Lässt der Hund diese Manipulation im Sitzen oder Liegen zu, forme ich die Übung in der Position »Steh«. Wichtig ist immer, dass ich die Spannung des Hundes erhalten kann und ihn rechtzeitig bestätige.

Claudia mit Hope bei der Übung »Stehen und Betasten«.

ÜBUNG 3: GEBISS ZEIGEN

Koeffizient: 2
Maximale Punktzahl: 20

Kommandos: Anzahl 2
Beispiel: »Fuß«

Übungsbeschreibung:
Auf Anweisung des Leistungsrichters zeigt der Hundeführer durch Anheben der Lefzen des Hundes das Gebiss, wobei die Vorderseite des Gebisses geschlossen sein muss und die Seite vollständig sichtbar sein soll. Der Hund soll dabei sitzen.

Anmerkung:
Während das Gebiss gezeigt wird, darf der Hundeführer dem Hund beruhigend zureden, das dürfen jedoch keine Hörzeichen sein.

TRAININGSMÖGLICHKEITEN

Zerlegen der Übung:

1. Bei Fuß gehen
2. Selbstständiges Sitzen nach dem Anhalten
3. Fangmanipulation zulassen

Übungen 1 und 2 werden in den späteren Übungsbeschreibungen behandelt.

Gerli und Blaze meistern diese Übung ohne Probleme.

3. Fangmanipulation:
Für viele Hunde ist das Berühren des Fangs mit unseren Händen unangenehm. Allerdings ist diese Übung häufig zu gebrauchen. Denkt man an die Einnahme von Medikamenten oder an die Entfernung von Gegenständen aus dem Fang, wird diese Übung verständlicher. Auch beim Apportieren ist es von Vorteil, wenn der Hund daran gewöhnt ist, sich dementsprechend anfassen zu lassen.

Zu Beginn der Übung reicht es, wenn der Hund sich am Fang streicheln lässt. Langsam versucht man die Lefzen hochzuschieben. Wichtig für die Clicker-Technik ist der Abstand des Clickers von den Hundeohren. Empfindliche Hunde könnten sonst sehr negativ reagieren. Bei nervösen Hunden ist es wichtig, dass wir zwar bestimmend auftreten, aber ruhig auf unseren Hund einwirken. Diese Übung wird ebenfalls sehr langsam aufgebaut und verlangt bei manchen Hunden etwas Geduld. Zwingen Sie Ihren Hund niemals in eine Situation, die für ihn nicht mehr tolerierbar ist. Bauen Sie diese Übung langsam auf und versuchen Sie, das Vertrauen Ihres Hundes zu gewinnen.

Anders als im Ausstellungswesen, wird diese Übung vom Hundeführer selbst ausgeführt. Diese Übung wird von den ausländischen Richtern sehr unterschiedlich abgefragt. Es besteht die Möglichkeit, dass das Team in der Gruppe bleibt, um diese Übung auszuführen. Andere Richter bevorzugen ein Heraustreten aus der Gruppe mit neuer Grundstellung, um diese Übung bewerten zu können. Für uns gilt es, diese Übung vielseitig zu trainieren, damit wir allen Ansprüchen gerecht werden.

Tina und Sita.

ÜBUNG 4: ABLEGEN IN DER GRUPPE

Koeffizient: 3
Maximale Punktzahl: 30

Kommandos: Anzahl 3
Beispiel: »Platz«, »Bleib«, »Sitz«

Übungsbeschreibung:
Der Hund wird angeleint zu dieser Übung gebracht. Die Hundeführer nehmen mit ihren Hunden in einer Reihe, mit einem Abstand von etwa drei Metern zueinander, in der Position »Sitz« Aufstellung. Nachdem die Hunde abgeleint und in die Position »Platz« gebracht worden sind, entfernen sich die Hundeführer ungefähr 20 Schritte, halten an und nehmen Front zu ihren Hunden. Die Hunde bleiben zwei Minuten lang abgelegt. Wenn der Hundeführer seinen Hund verlässt, darf er das Hörzeichen »Bleib« gebrauchen. Die Zeitnahme beginnt, wenn die Hundeführer ihren Platz in der für diese Übung angegebenen Distanz eingenommen haben. Nach Ablauf der Zeit gehen die Hundeführer zu ihren Hunden zurück, nehmen den Hund in Grundstellung und leinen ihn an. Die Übung muss mit mindestens drei Hunden in der Gruppe durchgeführt werden.

Anmerkung:
Ein Hund, der mehr als fünf Schritte kriecht, wird abgeholt. Dieser Hund erhält keine Punkte. Ein Hund, der sich aufsetzt oder aufsteht, auch wenn er seinen Standort nicht verändert, erhält ebenfalls keine Punkte. Für einen Hund, der auf einer kürzeren als der o.a. Strecke kriecht, oder der winselt, werden nicht mehr als acht Punkte vergeben.

TRAININGSMÖGLICHKEITEN

Zerlegen der Übung:
1. Korrekte Grundstellung
2. Positionswechsel von Sitz zu Platz
3. Entfernung aufbauen
4. Zurückkehren und liegen bleiben
5. Positionswechsel von Platz ins Sitz

Die Übungselemente 3 und 4 werden in diesem Kapitel besonders behandelt.

3. Entfernung aufbauen:
Nachdem unser Hund die Position Platz gelernt hat, beginnen wir damit, unsere Position zum Hund zu verändern. In den ersten Ausbildungsschritten lernt der Hund, dass wir vor ihm stehen und anschließend wieder neben ihn in die Grundstellung gehen. Danach bewegen wir uns vor und an der Seite des Hundes und ändern die Geschwindigkeit unserer Bewegungen. Langsam bauen wir es so auf, dass wir ganz um unseren Hund herumgehen können, ohne dass er sich in seiner Haltung verändert.

Bei der Clicker-Technik beendet der Click immer die einzelnen Ausbildungsabschnitte, der Hund hat das Recht aufzustehen und seine Belohnung zu fordern.

4. Zurückkehren und liegen bleiben:

Wenn wir in der vorherigen Übung auch immer wieder zwischendurch die Grundstellung einnehmen, dem Hund rechtzeitig signalisieren wann die Übung beendet ist, wird auch dieser Ausbildungsschritt keine Probleme bereiten. Es ist darauf zu achten, dass wir unseren Hund in der Platzposition mit einem Leckerchen bestätigen. So lernt er schnell, was wir von ihm verlangen.

Nun können wir auch den Hund etwas provozieren, indem wir vor ihm stehen und die Leine vorsichtig leicht nach oben rucken, ihn loben wenn er liegen bleibt. Durch diese Übung verstärken wir die richtige Arbeitsweise des Hundes.

Variationen für das Ablegen in der Gruppe.

ÜBUNG 5: LEINENFÜHRIGKEIT

Koeffizient: 4
Maximale Punktzahl: 40

Kommandos: Anzahl 2
Beispiel: »Fuß«

Übungsbeschreibung:
Der Hund muss, an der linken Seite des Hundeführers geführt, in einem guten Tempo und aufmerksam an loser Leine unmittelbar neben dem Hundeführer folgen (Schulter auf Kniehöhe) und zwar so, dass er diesen in keiner Weise bei seinen Bewegungen behindert.

Der Steward gibt folgende Anweisungen:
A) Vorwärts
B) Rechts
C) Links
D) Rechtsumkehrt
E) Linksumkehrt
F) Halt

Bei B und C muss die Richtungsänderung mit einem Winkel von 90 Grad ausgeführt werden. Bei E kann ein kleiner Bogen nach links gemacht werden. Das Halt machen muss frei und plötzlich geschehen, der Hund muss sich hierbei unmittelbar aus eigener Bewegung setzen. Beim Vorwärts, nach einem Haltmachen auf Anweisung des Stewards, darf ein Hörzeichen gegeben werden.

Anmerkung:
Die Leine wird in der linken Hand getragen und muss durchhängen. Die Arme müssen beim Gehen normal bewegt werden. Der linke Arm darf hierbei leicht gebogen sein, jedoch nicht in der direkten Nähe, vor oder fest gegen den Körper gehalten werden. Beim Anhalten muss der Hund gerade neben seinem Hundeführer sitzen.

Punktabzug kann erfolgen wenn
- der Hund zu weit hinten oder zu weit weg geht,
- der Hund schräg vor oder neben dem Hundeführer sitzt,
- zusätzliche Hörzeichen gegeben werden.

Wird diese Übung mit 0 bewertet, ist das Team durchgefallen.

TRAININGSMÖGLICHKEITEN

Zerlegen der Übung:
1. Blickkontakt mit dem Hund herstellen
2. Vorwärts gehen und Blickkontakt erhalten
3. Winkel gehen
4. Kehrtwendungen
5. Geschwindigkeitsänderungen

1. Blickkontakt mit dem Hund herstellen:
Eine der wichtigsten Teilübungen für die »Bei Fuß Arbeit« ist es, den Blickkontakt zwischen Mensch und Hund herzustellen. Nur durch diese Kom-

munikation ist es möglich, eine perfekte Arbeit zu erhalten. Wir beginnen damit, dass der Hund auf ein Spielzeug oder Leckerchen aufmerksam gemacht wird und führen diesen Gegenstand in unsere Blickrichtung. Nun verknüpfen wir diese Tätigkeit des Hundes mit dem Kommando »Schau«, bestätigen ihn über den Clicker und beenden diese Übung. Haben wir für den Hund eine Verknüpfung erstellt, wird er bei dem Kommando »Schau« den Blickkontakt mit uns suchen. Erst danach beginnen wir mit dem Hund in gerader Richtung zu gehen und seine Aufmerksamkeit zu erhalten. Es ist sehr wichtig diese Übung sehr oft, aber immer nur kurz zu trainieren.

2. Vorwärts gehen und Blickkontakt erhalten:

Wir können nun die Strecke verlängern, die unser Hund aufmerksam mitgeht. Die Arbeitsgeschwindigkeit hängt von unserem Hund ab und auch die Trainingszeit ist auf das Team abzustimmen. Wird der Hund unkonzentriert, hat man das Training zu lange angesetzt. Grundsätzlich trainiert man die »Bei Fuß Arbeit« mit Leckerchen und Übungen, die auf Arbeitsgeschwindigkeit aufgebaut werden, über das Motivationsmittel Spielzeug. Bei allen Übungen ist es äußerst wichtig den Spaß zu erhalten, aber auch die Kontrolle über seinen Hund nicht zu verlieren.

3. Winkel gehen:

- <u>Rechter Winkel</u>

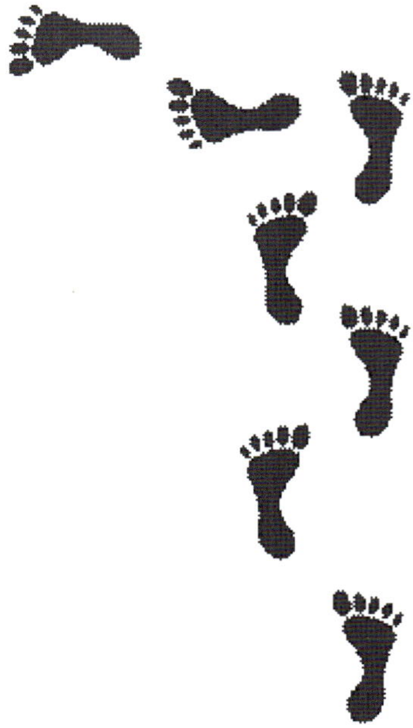

Der rechte Winkel ist leichter auszuführen und hängt von der sauberen Fußarbeit des Hundeführers ab. Wichtig ist, dass der linke Fuß immer zuerst die neue Richtung einschlägt und exakte Winkel ausgeführt werden. Es ist von Vorteil, wenn man diese Technik zuerst ohne seinen Hund trainiert. Erst wenn man sicher diese Winkel ausführen kann, nehmen wir wieder den Hund dazu. Anfangs bestätigen wir den Hund nach jedem Winkel mit einem Leckerchen. Dadurch erhalten wir den Anschluss unseres Hundes in den Winkeln. Die Leckerchen werden grundsätzlich in der linken Hand gehalten, damit der Hund nicht vorne herein läuft und den Hundeführer bedrängt.

Hat der Hund nun schon eine gewisse Routine erreicht, fangen wir auch an, engere Kreise zu gehen und dabei die Geschwindigkeit zu erhöhen. Für manche Hunde ist es am Anfang gut, leicht mit der Leine zu zupfen. Das darf aber keinesfalls ein Leinenruck sein, sondern eher ein stimulierender Kontakt mit dem Hundeführer.

- <u>Linker Winkel</u>

Um einen perfekten linken Winkel ausführen zu können, bedarf es sehr viel Training. Natürlich ist auch bei diesem Element die Fußarbeit des Hundeführers sehr wichtig. Nun kommt es noch darauf an, dass der Hund gelernt hat, mit den Hinterbeinen zu arbeiten und eng anzuschließen. Dafür gibt es verschiedene Techniken, wobei es wieder vom Team abhängt, welche zu bevorzugen ist.

Die Leinenführtechnik

Bei dieser Technik wird der Hund über die Leine in die von uns gewünschte Richtung und Position geführt. Diese Übung kann auch sehr gut mit Hilfe von Leckerchen und der richtigen Armbewegung ausgeführt werden. In beiden Fällen lassen wir unseren Hund neben uns sitzen und geben ihm die Anweisung zu bleiben. Die Leine halten wir in der rechten Hand. Wir entfernen uns einen Schritt nach rechts und einen Schritt nach vorne. Nun gleitet unsere linke Hand über die Leine zum Halsband und wir setzen gleichzeitig den rechten Fuß ein kleines Stück zurück, führen den Hund anschließend an unsere linke Körperseite, wobei wir den rechten Fuß wieder neben den linken stellen.

Führe ich diese Übung mit Leckerchen durch, locke ich den Hund in diese Bewegung und bestätige ihn dann an meiner linken Seite. Bin ich mir sicher, dass diese Übung gelingt, setze ich ein Kommando dafür ein. Nun verändere ich nach und nach meine Position zum Hund so, dass schließlich ein linker Winkel entsteht.

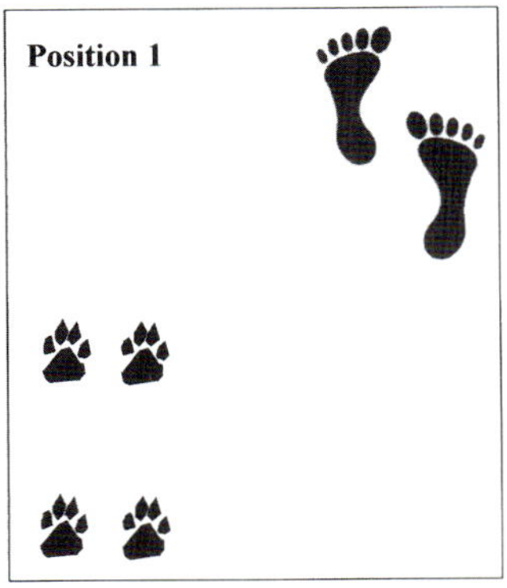

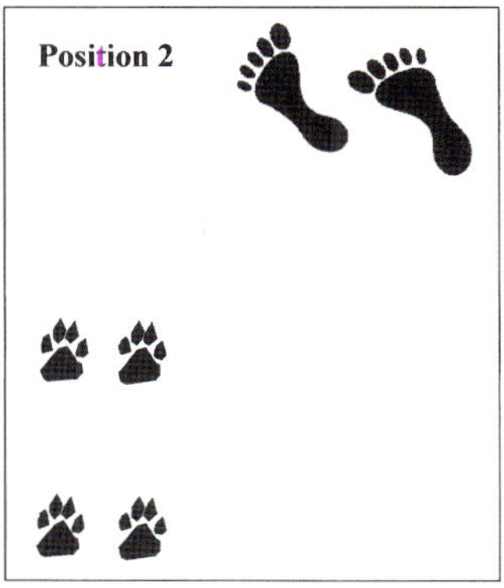

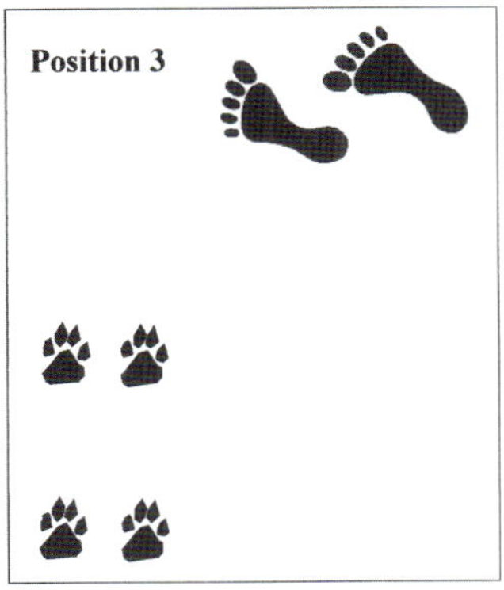

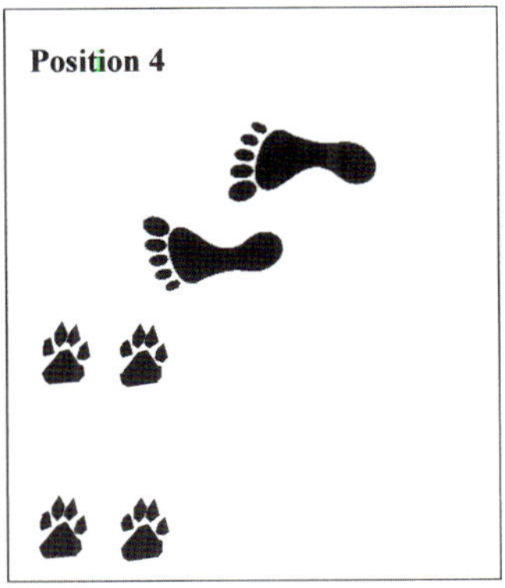

Im nächsten Ausbildungsschritt verkürzt man nun den Abstand zum Hund. Die Weiterentwicklung dieser Übung darf keinesfalls zu schnell erfolgen, denn in diesem Fall arbeitet unser Hund dann ungenau. Das Ziel wird sein, dass wir uns neben dem Hund direkt zu ihm in einen linken Winkel stellen und er sich sofort anschließt.

Erst wenn diese Übung im Stand perfekt abläuft, beginnen wir sie auch in der Bewegung auszuführen. Nach einer kurzen geraden Strecke setze ich den linken Fuß zu einem linken Winkel und gehe mit dem rechten Fuß einen Schritt zurück, führe den Hund mittels Leine oder Leckerchen in die richtige Position und bestätige ihn. Dieser Ausbildungsschritt ist von sehr großer Bedeutung und muss sehr sorgfältig aufgebaut werden. Wie aus dem Stand werden nun auch in der Bewegung die Hilfen abgebaut.

Die Stabtechnik

Eine weitere gute Möglichkeit ist der Einsatz eines Stabes. Der Hund muss allerdings zuerst an diese Berührungen gewöhnt werden. In den Winkeln setzt man nun den Stab ein und berührt den Hund leicht am linken Hinterteil, so dass er den direkten Anschluss zum Hundeführer behält.

Diese Technik hat sich besonders bei kleineren Hunden bewährt, da sich der Hundeführer nicht so weit nach unten zu bücken braucht und eine natürliche Körperhaltung einnehmen kann. Diese Technik ist auch sehr gut für andere Übungsteile geeignet, denkt man nur an das Training für die richtige Grundstellung, das gerade Vorsitzen und so weiter.

Linkskehrtwendung

Rechtskehrtwendung

4. Kehrtwendungen:
Alle Kehrtwendungen sind Weiterentwicklungen zu den Winkeln. Ist der Hund in der Lage einen korrekten 90° Winkel zu gehen, wird er diesen auch um 180° oder spielerisch sogar im Kreis zeigen. Im Obedience sind zwei verschiedene Linkskehrtwendungen erlaubt. Bei der ersten Ausführung bleibt der Hund immer an der linken Seite des Hundeführers und entspricht unserem Training für die Winkel. Eine weitere Möglichkeit ist die so genannte »Deutsche Kehre«, bei der sich der Hundeführer zum Hund umdreht und der Hund um den Hundeführer hinten herumläuft. Bei einem jungen Hund, den ich für Obedience ausbilde, bevorzuge ich die erste Variante.

Um eine möglichst schnelle und enge Ausführung der Rechtskehrtwendung zu erhalten, werfe ich direkt nach der Wendung den Ball oder bestätige den Hund mit einem Leckerchen.

Die Fußarbeit des Hundeführers ist auch bei den Kehrtwendungen von sehr großer Wichtigkeit. Schrittfolge, gleichmäßige Geschwindigkeit und exakte Ausführung sind Trainingspunkte, die wieder ohne den Hund eingeübt werden müssen. Das erfordert eine große Konzentrationsfähigkeit des Hundeführers und muss in Fleisch und Blut übergehen.

Erst dann nehmen wir unseren Hund dazu und können auf ihn eingehen.

Geschwindigkeitsänderungen:
Bei den verschiedenen Schrittgeschwindigkeiten muss darauf geachtet werden, dass diese Änderungen auch bei unserem Hund zu erkennen sind. Oftmals wird durch Verkürzen oder Verlängern der Schrittlänge das Ergebnis verfälscht, so dass unser vierbeiniger Gefährte nahezu die gleiche Arbeitsgeschwindigkeit beibehält. Bei den Kehrtwendungen, die beim Obedience auch im Laufschritt gefordert werden, müssen wir besonders darauf achten, dass unser Hund auch die Chance hat, den Anschluss halten zu können.

Uwe Wehner mit Woody bei den Kehrtwendungen.

ÜBUNG 6: FREIFOLGE (Pflichtübung)

Koeffizient: 4
Maximale Punktzahl: 40

Kommandos: Anzahl 2
Beispiel: »Fuß«

Übungsbeschreibung:
Auf Anweisung des Stewards wird der Hund von seinem Hundeführer abgeleint. Die Leine wird über die linke Schulter getragen und an der rechten Seite geschlossen oder um den Hals getragen. Es wird wie in Übung 5 Leinenführigkeit fortgefahren.

Anmerkung:
Punktabzug kann erfolgen wenn

- extra Hörzeichen gegeben werden,
- der Hund schräg vor oder neben dem Hundeführer sitzt.

Hunde, die während eines Großteils der Übung weit zurückbleiben, vordrängen oder seitlich abweichen, bekommen für diese Übung keine Punkte.

Wird diese Übung mit 0 bewertet, ist das Team durchgefallen.

TRAININGSMÖGLICHKEITEN

Es gibt Ausbildungsmethoden, die gleich mit der Freifolge beginnen. Es hängt aber von vielen Faktoren ab, ob ich diese Techniken nutzen kann. Der Hund muss dabei sehr gut motivierbar sein, entweder durch Futter oder Spielzeug. Außerdem sollte ein Einzeltraining ohne große Ablenkungen durchgeführt werden können. Dabei hat sich die Clicker-Technik sehr gut bewährt.

Die Aufgliederung in Einzelübungen erfolgt wie bei der Ausbildung zur Leinenführigkeit.

Ich selbst beginne allerdings mit der Freifolge erst, wenn der Hund eine sichere Leinenführigkeit zeigt. Dadurch habe ich meinen Hund unter Kontrolle und kann auch in kleinen Gruppen arbeiten, was für die Beginner-Klasse sehr wichtig ist.

Zeigt der Hund eine vorzügliche Leinenführigkeit, kann der Wechsel in die Freifolge beginnen. Nun baue ich die Einzelübungen wieder von Neuem auf.

Ein großes Problem ist für viele Hundeführer das Weglassen der Hilfen. Häufig werden sie viel zu schnell und gleich alle zusammen abgebaut. Das ist für den Hund sehr verwirrend und er wird stark verunsichert. Beim Training sollten in der Einarbeitungsphase zu Beginn immer alle Hilfen gegeben werden. Langsam abgebaut, jedoch immer einmal wieder benutzt, helfen sie dem Hund, immer sicherer zu werden.

Claudia und Hope bei der Freifolge.

ÜBUNG 7: SITZ AUS DER BEWEGUNG

Koeffizient: 3
Maximale Punktzahl: 30

Kommandos: Anzahl 2
Beispiel: »Fuß«, »Sitz«

Übungsbeschreibung:
Aus der Grundstellung geht der Hundeführer mit seinem frei bei Fuß folgenden Hund im Normalschritt geradeaus. Nach 10 - 15 Schritten erhält der Hundeführer die Anweisung, seinen Hund ins »Sitz« zu bringen, welches der Hund schnell und gerade ausführen soll, ohne dass der Hundeführer seine Gangart unterbricht oder sich umsieht. Der Hund hat ruhig zu sitzen. Nach mindestens weiteren 20 Schritten bleibt der Hundeführer stehen und dreht sich sofort zu seinem Hund um. Auf Anweisung des Stewards geht der Hundeführer zu seinem Hund zurück und nimmt an dessen rechter Seite die Grundstellung ein. Auf Anweisung wird der Hund angeleint.

Anmerkung:
Der Hund muss innerhalb von drei Körperlängen die Position »Sitz« eingenommen haben, sonst erhält er nicht mehr als acht Punkte. Wenn der Hund, nachdem er die verlangte Position eingenommen hat, diese wechselt (z.B. von der Position »Sitz« in die Position »Platz«) kann er nicht mehr als sieben Punkte erhalten. Wenn der Hund die verlangte Position nicht einnimmt, erhält er keine Punkte. Punktabzug gibt es ebenfalls für eine unsaubere Freifolge.

TRAININGSMÖGLICHKEITEN

Zerlegen der Übung:
1. Grundstellung mit Blickkontakt
2. Vorwärts gehen und Blickkontakt erhalten
3. Sitzposition einnehmen im Stand
4. Sitzposition aus der Bewegung
5. Sitzen bleiben

Die Teilübungen 1 - 3 wurden bereits besprochen.

4. Sitzposition aus der Bewegung:
Unser Hund sollte in der Lage sein, das Kommando »Sitz« vor und neben uns richtig auszuführen. Wenn dieser Ausbildungsstand erreicht wurde, gehen wir dazu über, dieses Kommando aus der Bewegung anzutrainieren. Dabei drehen wir uns aus der Vorwärtsbewegung vor den Hund und geben ihm die Anweisung, sich zu setzen.

Bei der Clicker-Technik erfolgt daraufhin der Click mit der Bestätigung Spielzeug, das wir hinter den Hund werfen.

Durch die Bestätigung hinter dem Hund erreichen wir in der Weiterentwicklung der Übung ein schnelles Setzen. Wir vermeiden aber auch, dass

Tina und Sita bei der Übung »Sitz aus der Bewegung«.

uns der Hund nachgeht, da seine Bestätigung ja in die andere Richtung erfolgt. Langsam wird das vorne Hereindrehen abgebaut und man bleibt neben dem Hund stehen.

Wenn auch diese Übung gefestigt ist, gehen wir nur einen kleinen Schritt weiter nach vorne, nachdem wir das Kommando zum Sitzen erteilt haben. Nun wird die Distanz, die wir uns nach dem Kommando vom Hund entfernen, langsam aufgebaut. Als weiterführende Übung pendle ich vor dem Hund nach links und rechts, bestätige ihn mit Worten, wenn er die Übung richtig ausführt.

5. Sitzen bleiben:
Diese Übung wird schon in der Basisausbildung trainiert und dürfte dann bei diesem Ausbildungsstand keine Probleme mehr bereiten.

ÜBUNG 8: KOMMEN AUF BEFEHL (Pflichtübung)

Koeffizient: 4
Maximale Punktzahl: 40

Kommandos: Anzahl 3
Beispiel: »Platz«, »Hier«, »Fuß«

Übungsbeschreibung:
Der Wettkampfleiter gibt dem Hundeführer die Anweisung, seinen Hund in einem Quadrat von 3 x 3 Metern, das mit vier Pylonen markiert ist, in der Mitte abzulegen. Die Leine wird ohne Knoten oder Schlaufen zum Hund gelegt.

Auf Anweisung entfernt sich der Hundeführer ungefähr 15 Schritte in Vorwärtsrichtung. Hier stellt sich der Hundeführer mit dem Gesicht zum Hund gekehrt auf. Auf Anweisung des Stewards ruft der Hundeführer den Hund mit »Hier« oder »Komm«. Der Hund muss das Hörzeichen sofort und ohne Zögern umsetzen und in einem schnellen Tempo in gerader Linie kommen und sich direkt vor den Hundeführer hinsetzen, mit dem Kopf zum Hundeführer gewandt.

Danach gibt der Hundeführer auf Anweisung das Hörzeichen zur Grundstellung.

Anmerkung:
Es darf keine Leine aus reflektierendem Material verwendet werden. Auch andere Gegenstände sind für diese Übung nicht zugelassen. Es sind zwei zusätzliche Hörzeichen erlaubt.

Punktabzug kann erfolgen wenn
- der Hund träge kommt,
- der Hund schräg vor oder neben dem Hundeführer sitzt.

Wird diese Übung mit »0« bewertet, ist das Team durchgefallen.

TRAININGSMÖGLICHKEITEN

Zerlegen der Übung:
1. Grundstellung mit Blickkontakt
2. Platz einnehmen
3. Liegen bleiben und entfernen
4. Abrufen
5. Vorsitzen
6. Grundstellung einnehmen

Alle Teilübungen sind Basisübungen und werden bei dieser Aufgabenstellung zusammengesetzt.

Übung 8 und 9 sind miteinander gekoppelt. Dabei nutzen wir das Spielzeug Leine. Eine kleine Überraschung kann es geben, wenn aus diesem Grund unser Hund die Leine aus dem Viereck mitbringt, um damit mit uns zu spielen. In diesem Fall nutzen wir ein triebstärkeres Motivationsmittel und lenken so den Hund von der Leine ab. Hilfreich ist auch, wenn wir zu Beginn die Entfernung verkürzen, kein Vorsitzen verlangen und das Spielzeug sofort durch die gespreizten Beine werfen. Haben wir unseren Hund in der Basisausbildung gut vorbereitet, dürfte es bei dieser Übung keine Probleme geben.

Woody beim Abrufen aus der Box.

ÜBUNG 9: ZURÜCKSENDEN ZUM PLATZ

Koeffizient: 3
Maximale Punktzahl: 30

Kommandos: Anzahl 4
Beispiel: »Box«, »Steh«, »Platz«, »Sitz«

Übungsbeschreibung:
Der Hund sitzt nach Übung 8 in Grundstellung. Auf Anweisung sendet der Hundeführer den Hund zurück zur Leine.

Der Hund muss dieses Hörzeichen direkt, auf dem kürzesten Weg, im Trab oder Galopp (je nach Rasse) umsetzen und zu der Leine zurückkehren und sich dort auf Kommando hinlegen, vorzugsweise dem Hundeführer zugewandt. Auf Anweisung begibt sich der Hundeführer zum Hund. Der Hundeführer lässt den Hund auf ein Zeichen sitzen. Der Hund wird nun angeleint.

Anmerkung:
Der Hund muss das Hörzeichen direkt befolgen. Zur Betonung des Hörzeichens ist eine kurze Armbewegung gestattet.

Andere Körperbewegungen sind nicht erlaubt. Der Hund darf bei der Leine in die Position »Steh« gerufen werden.

Anschließend oder sofort erhält er das Kommando »Platz«.

Punktabzug kann erfolgen wenn
- sich der Hund mehr als 50 cm von der Leine entfernt hinlegt,
- der Hund träge zur Leine zurückkehrt, zusätzliche Hörzeichen gegeben werden müssen.
- Liegt der Hund mehr als einen Meter von der Leine entfernt, bekommt man keine Punkte.

TRAININGSMÖGLICHKEITEN

Zerlegen der Übung:
1. Grundstellung mit Blickkontakt
2. Voraussenden
3. Im Viereck stehen
4. Im Viereck abliegen
5. Liegen bleiben bis zur Anweisung »Sitz«
6. Grundstellung einnehmen

Teilübung 1, 5 und 6 wurden bereits besprochen.

2. Voraussenden:
Es ist für diese Übung von Vorteil, wenn unser Hund die Leine als Spielzeug anerkennt. Wichtig dabei ist, dass der Hund die Spielregeln gelernt hat: Wann beginnt das Spiel, wie lange wird gespielt und wann ist das Spiel beendet? Ich benutze nun die Leine als Motivationsmittel, lege sie in kurzer Entfernung ab und bleibe dabei stehen. Mit dem Kommando »Box« gebe ich das Spielzeug frei und spiele mit meinem Hund damit, sobald er sich bei der Leine befindet. In diesem Ausbil-

dungsstadium ist es noch keine Vorausarbeit, sondern eine Arbeitsrichtung, die auch zum Hundeführer gerichtet ist. Für einen Hund, der sehr auf seinen Führer bezogen ist, kann dieser Schritt sehr wichtig sein. Hat der Hund nun diese Übung verstanden, lasse ich ihn in der Position Sitz zurück und vergrößere die Distanz. Wir befinden uns aber immer noch bei der Leine. Nun können wir auch schon eine Gasse aus Pylonen bilden, die der Hund zur Leine durchlaufen muss. Damit erreichen wir, dass der Hund lernt, gerade in das Viereck zu laufen.

3. Im Viereck stehen:
Als nächsten Schritt erwarte ich die Position »Steh« bei der Leine, bevor ich mit dem Spiel beginne. Dabei sichere ich die Leine mit einem Bein ab, damit sich der Hund nicht selbst bestätigen kann. Voraussetzung ist natürlich, dass unser Hund während der Basisarbeit diese Position kennen gelernt hat. Anfangs braucht er nur ganz kurz diesen Befehl »Steh« auszuführen, um anschließend über den Click die Bestätigung zu erhalten und das Spiel mit der Leine begonnen wird.

Erst jetzt entferne ich mich schrittweise von der Leine in Richtung meines Hundes. Das Spiel findet weiterhin in der Box statt, damit der Hund den Bezug dazu nicht verliert.

In der Weiterentwicklung der Übung stehe ich nun neben meinem Hund, sende ihn mit der Anweisung »Box« durch die Pylonengasse in das Viereck, in der er dann den Befehl »Steh« erhält. Ist nun diese Übung gefestigt, entferne ich nach und nach paarweise Pylonen aus der Boxengasse, bis nur noch vier Pylonen für das tatsächliche Viereck übrig bleiben.

4. Im Viereck abliegen:
Diese Positionsänderung von Steh ins Platz wird keine Schwierigkeiten mit sich bringen, wenn man im Basistraining den Grundstock dafür gelegt hat. Sollten sich dennoch Probleme ergeben, verkürzen wir die Distanz und bauen sie nach und nach wieder auf.

Nach unserer Prüfungsordnung darf der Hund im Viereck auch sofort die Position Platz einnehmen, ohne ein vorheriges Steh zu zeigen.

Es ist allerdings sinnvoll, dass wir unseren Hund im Viereck zuerst die Position Steh einnehmen lassen. Liegt unser Hund aus irgendeinem Grund neben dem Viereck, erhält man für diese Übung keine Punkte. Erkennt man diesen Fehler allerdings solange sich der Hund im Steh befindet, hat man noch die Möglichkeit, ihn über weitere Anweisungen zu korrigieren. Er erhält erst den Befehl zum Liegen, wenn er sich korrekt im Viereck befindet. Das würde zwar Punkte für zusätzliche Kommandos kosten, aber es wäre zumindest keine Nullrunde.

Unser Hund muss dafür allerdings gelernt haben, sich aus der Distanz dirigieren zu lassen. Trainingsbeispiele dafür zeige ich in den Beschreibungen für die höheren Leistungsklassen auf.

Weitere Trainingsmöglichkeiten

Wenn der Hund auf ein Spielzeug nicht reagiert, hat man es bei der Ausbildung um vieles schwerer. Allerdings bleibt uns noch das Lockmittel Futter. Dabei ist aber zu beachten, dass das Futter immer in einem gut sichtbaren Behältnis angeboten werden sollte. Wir würden sonst erreichen, dass der Hund seine Nase einsetzt, um den Leckerbissen zu finden. Wir hätten dann eine Sucharbeit, die wir an dieser Stelle nicht gebrauchen können. Ich benutze für diesen Fall häufig eine Plastikbox mit Deckel, damit sich später der Hund nicht wieder selbst bestätigen kann sondern unsere Hilfe braucht, um an das Leckerchen zu gelangen. Für die Arbeit mit Futter benutze ich immer etwas ganz Besonderes. Kleine Käsewürfel oder Hartwurstwürfel sind dafür geradezu ideal.

Der Aufbau dieser Übung mit Futter geschieht analog dem Trainingsbeispiel mit der Leine. Später lege ich dann zu der Plastikbox noch die Leine hinzu.

Woody wird in die Box zurückgeschickt.

ÜBUNG 10: APPORT AUF EBENER ERDE

Koeffizient: 2
Maximale Punktzahl: 20

Kommandos: Anzahl 4
Beispiel: »Bleib«, »Bring«, »Aus«, »Fuß«

Übungsbeschreibung:
Auf Anweisung legt der Hundeführer seinen eigenen Apportiergegenstand mindestens zehn Meter weit weg in eine angegebene Richtung aus. Es ist erlaubt, zum Auslegen des Gegenstandes ein Wartehörzeichen zu geben. Der Hund muss neben dem Hundeführer sitzen bleiben, bis dieser ihm auf Anweisung das Hörzeichen zum Apportieren gibt. Der Hund muss dem Hörzeichen flott, aufgeweckt und auf dem kürzesten Weg folgen. Es ist erlaubt, dass der Hund sich direkt an dem Gegenstand vorbei umdreht, bevor er ihn aufnimmt.

Während des Apportierens darf der Hund nicht auf dem Gegenstand kauen oder nachfassen. Der Hund soll auf dem kürzesten Weg zu dem Hundeführer zurückkehren und sich direkt vor ihn setzen.

Der Hund muss den apportierten Gegenstand festhalten, bis der Hundeführer dem Hund auf Anweisung das Hörzeichen zum Loslassen gibt. Danach gibt der Hundeführer nach Anweisung das Hörzeichen zur Grundstellung.

Anmerkung:
Apportiergegenstand nach Wahl des Hundeführers (wird von diesem mitgebracht). Es darf auch ein Spielzeug sein. Es werden keine Gewichtsanforderungen gestellt.

Punktabzug kann erfolgen wenn
- der Hund schräg vor oder neben dem Hundeführer sitzt,
- der Hund auf dem Gegenstand kaut und/oder nachfasst,
- der Hund den Gegenstand fallen lässt,
- der Hundeführer den Gegenstand ohne Anweisung annimmt oder anfasst.

TRAININGSMÖGLICHKEITEN

Zerlegen der Übung:
1. Grundstellung mit Blickkontakt
2. Warten beim Auslegen des Apportiergerätes
3. Schnelles Vorauslaufen zum Apportel
4. Aufnehmen
5. Ruhiges Tragen des Apportiergerätes
6. Schnelles Zurückkommen
7. Korrektes Vorsitzen mit dem Apportel
8. Grundstellung einnehmen

Teilübungen 1 und 8 wurden bereits besprochen.

Erstaunlich ist die Tatsache, dass eine der natürlichsten Fähigkeiten, die unser Hund besitzt, vielen Hundesportlern die größten Sorgen bereitet.

Die Grundvoraussetzungen für diese Übung erarbeite ich mir bereits im Welpenalter beim Spieltraining. Gerne jagt unser kleiner Kerl dem Spielzeug nach. Er soll lernen, dass es mit Spiel und Spaß verbunden ist, wenn er diese ausgesuchten Gegenstände wieder zu uns zurückbringt. Dabei fange ich gerne mit einem Spielknoten an, der dann zur Bestätigung als Beiß- und Ziehwerkzeug eingesetzt werden kann.

Ein weiterer Punkt ist, dass diese Fähigkeit während der Erziehung unseres Hausgenossen häufig unterbunden wird, da sich der Welpe leider einen neuen Schuh oder andere wichtige Dinge dafür herausgesucht hat. In dieser Phase ist es wichtig, ihm einen Ersatz anzubieten und ihn danach richtig zu loben. Weitere Probleme wird es geben, wenn wir nicht in der Lage sind, den Hund in der richtigen Situation zu bestätigen. Man spricht dabei auch vom richtigen Timing. Bringt man beim Apportieren zu früh eine gewisse Ablaufroutine hinzu, verliert man schnell an Arbeitsgeschwindigkeit. Der Hund wird verunsichert und fängt zu kauen an, man nennt es auch das Knautschen des Hundes.

Verschiedene Auffassungen und Trainingsmöglichkeiten

- Ruhiges Halten, Aufnehmen, Arbeitsabstand
- Spielapportieren, Arbeitsgeschwindigkeit, Formen der Übung

1. Methode

Ruhiges Halten

Man bewegt das Apportel vor dem Hund und verleitet ihn dazu, auf unser Spiel einzugehen und den Gegenstand mit dem Fang zu fassen. Dazu benutze ich schon das Kommando Bring.

Darauf folgen entweder Click plus Bestätigung oder Lob.

Wir üben dieses Spiel nur sehr kurz, damit es interessant bleibt. Wichtig ist, dass wir das Apportel wegnehmen, bevor der Hund darauf kaut und den Clicker betätigen, solange der Hund das Apportel noch im Fang hat. Wir wollen ja nicht das Ausspucken bestätigen, sondern das ruhige Halten. Nach und nach wird die Zeitspanne verlängert, die der Hund das Apportel im Fang halten soll. Es ist nun der Zeitpunkt gekommen, die eigene Position zu verändern. Ich stelle mich nun, während der Hund das Apportel hält, vor ihn hin. Beruhigend rede ich ihm zu, damit er seine Sicherheit behält.

Ich benutze nun auch schon ein Kommando fürs Halten. Ich habe die Erfahrung gemacht, dass der Hund

Verschiedene Apportierübungen.

ruhiger hält, wenn ich seine Konzentration von dem Apportel ablenke. Dafür eignen sich ein Spielzeug oder ein Leckerbissen. Das muss jedoch sehr langsam aufgebaut werden, da sonst der Hund das Apportel ausspuckt.

Aufnehmen

Während dieser Übungen ist der Hund immer an der Leine. Hat der Hund die ersten Schritte begriffen, arbeite ich mich im Spiel immer weiter mit dem Apportel in Bodennähe, bis er es dann schließlich vom Boden aufnehmen kann. Haben wir in diesen Aufbauschritten keine negative Spannung bei unserem Hund erzeugt, wird auch eine gute Arbeitsgeschwindigkeit entstehen. Nun beginne ich verschiedene Aufgaben mit einzubauen, wie zum Beispiel die »Fußarbeit«. Ich gehe mit dem Hund Winkel und Wendungen, Lauf- und Langsamschritt und forme das Vorsitzen.

Entfernung aufbauen

Zeigt der Hund bei diesen Vorübungen ein sicheres Zurückkommen, baue ich langsam die Entfernung auf. Da wir noch immer an der Leine arbeiten, ist unbedingt darauf zu achten, dass wir keinen Leinenruck ausüben, wenn sich der Hund nach vorne bewegt. Haben wir nun eine saubere Arbeitsweise antrainiert, ist es an der Zeit, die Leine zu entfernen.

2. Methode

Spielapportieren

Diese Methode habe ich bei meinem Border Collie Whisp vom Beutenhof (Woody) angewendet. Beim Welpentraining habe ich oft mit zwei kleinen Bällen trainiert. Während ich den einen Ball nur eine kurze Strecke auswarf und er danach jagte, hielt ich den zweiten Ball auffordernd in der anderen Hand. Er lernte sehr schnell, dass es nicht sonderlich interessant ist, sich alleine mit einem Ball zu beschäftigen, da ja der andere Ball in die entgegengesetzte Richtung flog. In der Zeit, die er benötigte, den zweiten Ball zu fangen, nahm ich den ersten wieder auf.

Dieses Wechselspiel funktioniert nach kurzen Anfangsschwierigkeiten ausgezeichnet und ich entschloss mich, gleich auf Apportierhölzer überzugehen. Der Arbeitsweg, den er in dieser Phase zeigte, war zwar keinesfalls direkt zu mir, jedoch war kein Knautschen zu erkennen und der Bogen, den er einschlug, wurde von Mal zu Mal direkter. Immer wieder ersetzte ich ein Apportierholz durch einen Ball, damit das Spiel für ihn nicht berechenbar wurde.

Nun setzte ich ein 400 g schweres Metallapportel ein und er zeigte sich unbeeindruckt.

Folgende Arbeitsschritte hatte ich nun schon bei diesem Welpen erreicht:

- Schnelle Arbeitsgeschwindigkeit
- Aufnehmen vom Boden
- Apportieren von Holz
- Apportieren von Metall

Ich hatte allerdings noch keine Form der Ausführung einfließen lassen.

Die Übung formen

Wenn man das Apportieren über Trieb und Beutearbeit aufbaut, muss man sich darüber im Klaren sein, dass ein Hund die Tendenz zum Knautschen zeigt. Dennoch begann ich damit, das Holzapportel als Ziehspielzeug zu benutzen und kämpfte mit Woody, wenn er es zu mir zurückbrachte. Langsam setzte ich die zukünftigen Befehle ein. »Bring« beim Hinterherjagen und »Halten«, wenn er das Apportel ruhig im Fang hielt, nachdem ich das Ziehspiel kurzzeitig unterbrochen hatte. Wie bei Methode 1 beschrieben lenkte ich in dieser Phase seine Aufmerksamkeit auf einen Ball, den ich in der Hand hielt. Der Clicker verkündete das Ende der Übung und als Bestätigung warf ich den Ball.

Sitzen und Halten

Um ein ruhiges Apportieren zu erreichen ging ich dazu über, immer öfter das Metallapportel zu benutzen. Ich legte ihm das Apportel in den Fang, entfernte mich nur wenige Schritte und gab ihm die Anweisung zum Vorsitzen. »Halten« war nun kein Problem mehr.

ÜBUNG 11: UMGANG MENSCH/HUND (Pflichtübung)

Koeffizient: 1
Maximale Punktzahl: 10

Übungsbeschreibung:
Diese Übung dient der Anregung, dass der Hund am Ende einer Übung ruhig belohnt wird. An dem Verhalten des Hundeführers und des Hundes wird beurteilt, ob zwischen beiden die gewünschte Verständigung vorhanden ist. Der Hund soll das gesamte Programm fröhlich erarbeiten.

Anmerkung:
Was dieses Regelwerk nicht vorsieht, entscheidet der Obedience Leistungsrichter.

Obedience 1

Übung 1: 1 Minute Sitzen mit Sichtkontakt

Koeffizient: 2
Maximale Punktzahl: 20

Kommandos: Anzahl 2
Beispiel: »Sitz«, »Warten«

Übungsbeschreibung:
Die Hunde werden angeleint zu dieser Übung gebracht. Die Hundeführer nehmen mit ihren Hunden in einer Reihe mit etwa drei Metern Abstand zueinander in der Grundstellung Aufstellung. Nachdem die Hunde abgeleint worden sind, begeben sich die Hundeführer in die vom Steward angegebene Richtung, in Sichtkontakt zum Hund. Nach einer Minute begeben sich die Hundeführer auf Anweisung neben ihre Hunde in Grundstellung. Die Übung wird durch Anweisung des Stewards beendet.

Anmerkung:
Nach dem letzten Hörzeichen »Bleib/Warte« darf kein extra Hörzeichen mehr gegeben werden. Wenn ein Hund wegläuft, wird er schweigend angeleint und mitgenommen. Steht ein Hund nach dem Hörzeichen »Sitz« auf, legt sich hin oder begibt sich vom Platz weg, auch in der Rückkehrphase des Hundeführers zum Hund, erhält er für diese Übung keine Punkte.

TRAININGSMÖGLICHKEITEN

Zerlegen der Übung:
1. Korrekte Grundstellung
2. Sitzen bleiben beim Entfernen
3. Eine Minute sitzen
4. Sitzen bleiben beim Zurückkommen
5. Grundstellung halten

Die Vorgehensweise im Trainingsaufbau ist der des Ablegens in der Gruppe sehr ähnlich. Der Schwierigkeitsgrad dieser Übung ist jedoch höher einzustufen, da man beim Hund eine bestimmte Anspannung erzeugen und halten muss.

Ist diese Grundspannung zu hoch, wird unser Hund aufstehen und zu uns kommen.

Ist sie zu niedrig, wird er sich nach kurzer Zeit hinlegen. Für das Team gilt es nun, für sich die richtige Grundanspannung zu finden. Es ist immer das Beste, die Absitzzeit im Training so zu wählen, dass der Hund die Aufgabenstellung auch erfüllen kann. Wenn es nun aber passiert, dass sich der Hund hinlegt, sollte der Übungsleiter den Hund korrigieren und nicht der Hundeführer selbst. Das könnte sonst dazu führen, dass unsichere Hunde lernen, dass immer dann, wenn sie sich hinlegen, der Teamgefährte zurückkommt. Ein vom Hundeführer ausgesprochenes »falsch« genügt, muss jedoch ausgesprochen werden, während der Hund seine Position ändert, oder spätestens kurz danach.

Während einer Prüfung haben wir nun den Vorteil, dass der Hund im Training gelernt hat, bei einem Positionswechsel vom Steward korrigiert zu werden.

Um die Grundanspannung zu halten, sollte man seinem Hund nicht in die Augen sehen. Das würde ihn nur verunsichern und ihn zum Hinlegen verleiten. Das gilt auch besonders beim Zurückkehren des Hundeführers nach der Absitzzeit.

Möglichkeiten, die Aufmerksamkeit der Hunde zu erhalten:
- Hundeführer tauschen die Plätze
- Hundeführer bewegt sich
- Übungsleiter geht vor den Hunden durch die Gruppe
- Übungsleiter stellt Gerätschaften auf
- Futterschüssel wird mit Abstand vom Hund aufgestellt
- Spielzeug wird mit Abstand vom Hund ausgelegt

ÜBUNG 2: 3 MINUTEN LIEGEN MIT SICHTKONTAKT

Koeffizient: 2
Maximale Punktzahl: 20

Kommandos: Anzahl 3
Beispiel: »Platz«, »Warten«, »Sitz«

Übungsbeschreibung:
Direkt nach der Übung 1 wird die Übung 2 gezeigt. Diese Übung wird gleichzeitig durch mehrere Teilnehmer ausgeführt. Der Hund wird angeleint zu dieser Übung gebracht. Die Hundeführer nehmen mit ihren Hunden in einer Reihe, mit einem Abstand von etwa drei Metern zueinander, in der Position »Sitz« Aufstellung. Auf Anweisung werden die Hunde abgeleint und die Hundeführer geben nacheinander das Hörzeichen für die Platzposition. Der Hund muss das Hörzeichen ohne zu zögern umsetzen und sich gerade neben seinen Hundeführer legen. Auf Anweisung begeben sich die Hundeführer nach einem letzten Hörzeichen 20 Schritte in die vom Steward angegebene Richtung, halten an und drehen sich zu ihren Hunden um. Die Hunde bleiben drei Minuten lang abgelegt. Wenn der Hundeführer seinen Hund verlässt, darf er das Hörzeichen »Bleib« gebrauchen. Beim Hund darf nichts zurückgelassen werden. Die Zeit beginnt, wenn der letzte Hundeführer seine Position eingenommen hat.

Auf Anweisung begeben sich die Hundeführer neben ihren Hund. Nacheinander, wieder auf Anweisung, werden die Hunde ins »Sitz« gerufen. Der Steward beendet die Übung.

Anmerkung:
Die Hunde sollen ruhig und ohne sich vom Platz zu bewegen liegen bleiben. Ein Hund, der sich auf das Hörzeichen eines anderen hinlegt, bekommt Punktabzug. Setzt sich ein Hund oder steht auf, erhält er für diese Übung keine Punkte.

Ein Hund, der mehr als einen Meter kriecht, bekommt keine Punkte. Nach dem letzten Hörzeichen »Bleib/Warte« darf kein zusätzliches Hörzeichen mehr gegeben werden. Läuft ein Hund weg, muss dieser schweigend mitgenommen werden.

TRAININGSMÖGLICHKEITEN

Trainingserweiterung:
Auch bei dieser Übung müssen wir die richtige Grundspannung für unseren Hund herausfinden und halten können. Wird sie zu hoch angesetzt, wird der Hund unruhig und beginnt mit dem Hinterteil von einer Seite zur anderen abzukippen. In extremen Fällen wird er sogar aufstehen und zum Hundeführer kommen. Halten wir die Anspannung zu gering, wird der Hund die Anfangsposition nicht halten, abkippen und unaufmerksam sein. Das kann auch dazu führen, dass der Hund nach

der Ablage das Kommando zum Sitzen verschläft.

Eine weitere Schwierigkeit, die in dieser Leistungsklasse hinzukommt, ist das Ablegen der Hunde und Einnehmen der Grundstellung nacheinander. Können wir wie zuvor beschrieben die Grundanspannung des Hundes halten, wird er auch auf uns konzentriert bleiben. Wird diese Teilübung im Training mit aufgenommen, sind keine Probleme zu befürchten.

ÜBUNG 3: LEINENFÜHRIGKEIT

Koeffizient: 3
Maximale Punktzahl: 30

Kommandos: Anzahl 4
Beispiel: »Fuß«

Übungsbeschreibung:
Der Hund muss, an der linken Seite des Hundeführers geführt, in einem gutem Tempo und aufmerksam, an loser Leine, unmittelbar neben dem Hundeführer folgen (Schulter auf Kniehöhe) und zwar so, dass er diesen in keiner Weise bei seinen Bewegungen behindert. Der Steward gibt folgende Anweisungen:

A. Vorwärts
B. Rechts
C. Links
D. Rechtsumkehrt
E. Linksumkehrt
F. Figur acht
G. Halt
H. Laufschritt

Bei B und C muss die Richtungsänderung mit einem Winkel von 90° ausgeführt werden. Bei E kann ein kleiner Bogen nach links gemacht werden. Die unter F genannte Figur ist eine 8-förmige Figur, wobei beide Kreise einen Durchmesser von 4-5 Metern haben. Das Haltmachen muss frei und plötzlich geschehen, der Hund muss sich hierbei unmittelbar aus einer Bewegung setzen. Beim Vorwärts, nach einem Haltmachen auf Anweisung des Stewards, darf ein Hörzeichen gegeben werden. Bei H ist es erlaubt, zum Tempowechsel ein Hörzeichen zu geben.

Anmerkung:
Die Leine wird in der linken Hand getragen und muss durchhängen. Die Arme müssen während des Gehens normal bewegt werden. Der linke Arm darf hierbei leicht gebogen sein, jedoch nicht in der direkten Nähe, vor oder fest gegen den Körper gehalten werden. Beim Anhalten muss der Hund gerade neben seinem Hundeführer sitzen.

Punktabzug kann erfolgen wenn
- der Hund zu weit hinten oder zu weit weg folgt,
- der Hund schräg vor oder neben dem Hundeführer sitzt,
- zusätzliche Hörzeichen gegeben werden.

TRAININGSMÖGLICHKEITEN

Trainingserweiterung:
Zusätzliche Anforderungen in dieser Leistungsklasse sind der Laufschritt und die Figur Acht. Wir kennen in Deutschland in keiner anderen Prüfungsordnung Figuren, die vom Prüfungsteam gefordert werden. Der Steward lenkt das Team zu dem Ort, an dem diese Figur gezeigt werden soll und kündigt sie an. Das Team geht

selbstständig um die Markierungen, die für diese Figur vorgesehen sind und wählt dabei einen Abstand von zirka zwei Metern zu den Markierungen.

Hat unser Hund eine saubere Fußarbeit gelernt, sind die geforderten Figuren für ihn kein Problem. Die Probleme kommen meist von den Hundeführern selbst, die diese Figur Acht nicht richtig ausführen. Wir trainieren die Figuren am Anfang ohne unseren Hund, bis wir sicher sind, dass wir keine Unsicherheit zeigen und unseren Vierbeiner nicht beunruhigen. Es ist auch sinnvoll, wenn wir uns ohne Hund vom Übungsleiter dirigieren lassen. Wir müssen den Anweisungen folgen können, ohne große Überlegungen von links und rechts, ohne verzögerte Wendungen und Winkel und in gleichmäßiger Geschwindigkeit während der gesamten Übung.

Bei jedem Geschwindigkeitswechsel, Winkel oder jeder Wendung bestätige ich den Hund mit einem Leckerchen. Dadurch erhalte ich einen guten Anschluss in den Winkeln und während den Geschwindigkeitswechseln. Nach und nach werden die Hilfen dann abgebaut, kommen aber immer mal wieder im Training zum Einsatz.

Tina und Sita bei der Figur »Acht«.

ÜBUNG 4: FREIFOLGE

Koeffizient: 4
Maximale Punktzahl: 40

Kommandos: Anzahl 4
Beispiel: »Fuß«

Übungsbeschreibung:
Auf Anweisung wird der Hund von seinem Hundeführer abgeleint. Die Leine wird über der linken Schulter getragen und an der rechten Seite geschlossen oder um den Hals getragen. Es wird fortgefahren wie in Übung 3 Leinenführigkeit.

Anmerkung:
Punktabzug kann erfolgen wenn
- extra Hörzeichen gegeben werden,
- der Hund schräg vor oder neben dem Hundeführer sitzt.

Hunde, die während eines Großteils der Übung weit zurückbleiben, vordrängen oder seitlich abweichen, bekommen für diese Übung keine Punkte.

TRAININGSMÖGLICHKEITEN

Trainingserweiterung:
Wie bei Leinenführigkeit.

Um für den Wettkampf vorbereitet zu sein, ist es auch gut, wenn unterschiedliche Markierungen verwendet werden. Flache Pylonen werden von jungen Hunden oft mit halbierten Bällen verwechselt und reizen sehr zum Spielen.

Nicht selten üben wir die Freifolge in Verbindung mit Sprunggeräten aus dem Turnierhundsportbereich oder Agility. Dadurch erhalten wir auch ein sehr freudiges und variables Arbeiten. Eine Sprungkombination kann für einen Hund, der gerade eine tolle Fußarbeit gezeigt hat, genauso als Bestätigung eingesetzt werden wie ein Leckerchen oder ein Spielzeug.

Gerli und Blaze bei einer »Hier-Übung«. Mit dem Rücken zum Hund bekommt Blaze die Anweisung zum Vorsitzen. Sie hat gelernt, sich auch in dieser Situation eng und gerade auszurichten.

ÜBUNG 5: PLATZ AUS DER BEWEGUNG

Koeffizient: 3
Maximale Punktzahl: 30

Kommandos: Anzahl 3
Beispiel: »Fuß«, »Platz«, »Fuß«

Übungsbeschreibung:
Bei dieser Übung ist ein markiertes Quadrat von 10 x 10 Metern zu umgehen. Der Hundeführer nimmt mit seinem Hund auf Anweisung die Grundstellung ein und geht auf Anweisung mit seinem Hund in die angegebene Richtung. Nach einem Richtungswechsel wird der Hund auf Anweisung mit einem Hörzeichen in die Position »Platz« gebracht, während der Hundeführer ohne seine Gangart zu unterbrechen oder sich umzudrehen das Quadrat umläuft, bis er wieder bei seinem Hund angelangt ist. Ohne stehenzubleiben wird der Hund mittels Hörzeichen bei Fuß mitgenommen.

Nach einem weiteren Richtungswechsel wird die Übung auf Anweisung des Stewards in der Grundstellung beendet.

Antonie Wehner mit Amylou bei der Platzübung.

Anmerkung:
Der Hund muss innerhalb von drei Körperlängen die Position »Platz« eingenommen haben, sonst erhält er nicht mehr als 8 Punkte. Wenn der Hund, nachdem er die verlangte Position eingenommen hat, diese wechselt (zum Beispiel von der Position »Platz« in die Position »Sitz«) kann er nicht mehr als 7 Punkte erhalten. Wenn der Hund die verlangte Position nicht einnimmt, erhält er keine Punkte. Punktabzug gibt es ebenfalls für eine unsaubere Freifolge.

TRAININGSMÖGLICHKEITEN

Trainingserweiterung:
Nachdem unser Hund das »Platz aus der Bewegung« gelernt hat, kommt nun die Schwierigkeit hinzu, dass wir um den Hund herumgehen müssen und dieser seine Position hält, ohne zu kippen oder sich gar umzudrehen. Die Voraussetzungen dafür haben wir bereits während der Basisarbeit geschaffen. Jetzt müssen wir nur noch die Distanz vergrößern, in der wir den Hund umrunden. Hilfreich dabei kann es auch sein, wenn wir die Konzentration des Hundes von uns auf das Spielzeug umlenken können. Nachdem ich das Kommando für die Platzposition gegeben habe und ich mich ein paar Schritte gerade vom Hund entfernt habe, lege ich ein Spielzeug auf den Boden und gehe nach links oder rechts weg. Die Konzentration des Hundes wird nun auf das Spielzeug übertragen, während ich um den Hund herum gehe. Die Bestätigung mit diesem Spielzeug erfolgt, nachdem ich das Signal für das Ende der Übung gegeben habe. Auch dafür ist die Clickertechnik optimal.

Ein weiterer Trainingspunkt ist das gute Anschließen des Hundes an den Hundeführer nach dem Umkreisen des Vierecks. Dabei muss die Arbeitsgeschwindigkeit des Hundes berücksichtigt werden, um den richtigen Zeitpunkt für das Kommando »Fuß« herauszufinden. Unser Hund soll ja die benötigte Zeit erhalten, um aufzustehen und sich unserem linken Fuß anschließen zu können. Sofort nach dem richtigen Anschluss erhält der Hund seine Bestätigung aus der linken Hand. Während in der Klasse 3 das Viereck immer links herum umrundet wird, kann der Richter in den Klassen 1 und 2 auch die andere Richtung bestimmen. Jedoch müssen dann in dieser Prüfung alle Teilnehmer in der selben Klasse die gleiche Laufrichtung zeigen.

ÜBUNG 6: KOMMEN AUF BEFEHL

Koeffizient: 3
Maximale Punktzahl: 30

Kommandos: Anzahl 3
Beispiel: »Platz«, »Hier«, »Fuß«

Übungsbeschreibung:
Der Wettkampfleiter gibt dem Hundeführer die Anweisung, seinen Hund in einem Quadrat von 3 x 3 Metern, welches von vier Pylonen gekennzeichnet wird, in der Mitte abzulegen. Die Leine wird ohne Knoten oder Schlaufen zum Hund gelegt.

Auf Anweisung entfernt sich der Hundeführer ungefähr 20 Schritte in Vorwärtsrichtung. Hier stellt sich der Hundeführer mit dem Gesicht zum Hund gekehrt auf. Auf Anweisung ruft der Hundeführer den Hund »Hier« oder »Komm«. Der Hund muss das

Hörzeichen sofort und ohne zögern umsetzen und in einem schnellen Tempo, in gerader Linie kommen und sich direkt vor den Hundeführer hinsetzen, mit dem Kopf zum Hundeführer gewandt. Nach Anweisung gibt der Hundeführer das Hörzeichen zur Grundstellung.

Anmerkung:
Es darf keine Leine aus reflektierendem Material verwendet werden. Auch andere Gegenstände sind für diese Übung nicht zugelassen.

Es sind zwei zusätzliche Hörzeichen erlaubt.

Punktabzug kann erfolgen wenn
- der Hund träge kommt,
- der Hund schräg vor oder neben dem Hundeführer sitzt.

TRAININGSMÖGLICHKEITEN

Trainingserweiterung:
Zur Beginner-Klasse wird in der Leistungsstufe Obedience 1 lediglich der Abstand von 15 auf 20 Schritte vergrößert. Bei einem richtigen Trainingsaufbau dürften dabei keine Probleme entstehen.

Trainingsaufbau wie in der Beginner-Klasse beschrieben.

ÜBUNG 7: ZURÜCKSENDEN ZUM PLATZ

Koeffizient: 3
Maximale Punktzahl: 30

Kommandos: Anzahl 4
Beispiel: »Box«, »Steh«, »Platz«, »Sitz«

Übungsbeschreibung:
Der Hund sitzt nach Übung 6 in Grundstellung. Auf Anweisung sendet der Hundeführer den Hund zurück zur Leine.

Der Hund muss dieses Hörzeichen direkt, auf dem kürzesten Weg, im Trab oder Galopp, unter Berücksichtigung der Rasse, umsetzen und zu der Leine zurückkehren und sich dort auf Kommando hinlegen, vorzugsweise dem Hundeführer zugewandt. Auf Anweisung begibt sich der Hundeführer zum Hund.

Der Hundeführer lässt den Hund auf ein Zeichen sitzen. Der Hund wird nun angeleint.

Anmerkung:
Der Hund muss das Hörzeichen direkt befolgen. Zur Betonung des Hörzeichens ist eine kurze Armbewegung gestattet. Andere Körperbewegungen sind nicht erlaubt. Der Hund darf bei der Leine in die Position Steh gerufen werden.

Anschließend oder sofort erhält er das Kommando Platz.

Punktabzug kann erfolgen wenn
- sich der Hund mehr als 50 cm von der Leine entfernt hinlegt,
- der Hund träge zur Leine zurückkehrt, zusätzliche Hörzeichen gegeben werden müssen.
- Liegt der Hund mehr als einen Meter von der Leine entfernt, bekommt man keine Punkte.

TRAININGSMÖGLICHKEITEN

Trainingserweiterung:
Inzwischen sollte diese Übung schon so gefestigt sein, dass wir das Zurücksenden in das Viereck als gesonderte Trainingseinheit üben. Vor dem Training, wenn der Hund noch nicht auf dem Übungsgelände ist, bereite ich das Viereck vor und lege einen Motivationsgegenstand hinein.

Nachdem ich dann den Hund für das Training vorbereitet habe, beginne ich mit einer bestimmten Routine für das Viereck.

In der Grundstellung in kurzem Abstand zum Viereck lege ich meine linke Hand an den Kopf des Hundes und zeige ihm die Richtung in das Viereck.

Jetzt kann ich das Hörzeichen »Schau« benutzen, wenn der Hund seinen Blick auf das Spielzeug im Viereck richtet.

Zu Beginn lasse ich den Hund sofort mit dem Kommando »Box« zu seinem Motivationselement laufen, gehe hinterher und spiele mit ihm. In der Weiterentwicklung der Routine richte ich mich nach dem Anzeigen der Richtung zuerst wieder auf, bevor der Hund die Anweisung erhält, in die Box zu laufen.

Diese Routine wird der Hund mit dem Ablauf der Übung verknüpfen. Was sehr wichtig ist, ich darf diese Routine in einer Prüfung benutzen, bevor ich dem Steward signalisiert habe, dass ich für diese Übung bereit bin.

Nach und nach baue ich die Entfernung wieder auf.

ÜBUNG 8: FREISPRUNG ÜBER DIE HÜRDE

Koeffizient: 3
Maximale Punktzahl: 30

Kommandos: Anzahl 3
Beispiel: »Hopp«, »Zurück«, »Fuß«

Übungsbeschreibung:
Der Hundeführer befindet sich mit seinem Hund in angemessener Entfernung zur Hürde in der Grundstellung. Auf Anweisung springt der Hund frei hin und zurück.

Je ein Hörzeichen und/oder Sichtzeichen für den Hin- und Rücksprung sind gestattet. Nach dem Rücksprung hat der Hund sich dicht vor den Hundeführer zu setzen. Danach wird der Hund auf Anweisung in die Grundstellung genommen. Die Hürde soll kompakt und die Sprunghöhe gleich der Schulterhöhe des Hundes, aufgerundet auf die nächsten 10 cm, sein. Die Breite beträgt zwischen 1 Meter und 1,50 Meter

Anmerkung:
Der Sprung muss in beide Richtungen ausgeführt werden. Ein leichtes Berühren der Hürde mindert die Punktzahl. Der Hund, der vorzeitig abspringt oder zwei Versuche braucht, kann keine Benotung über 7 Punkte erhalten. Der Hund, der den Hin- oder Rücksprung nach zwei Versuchen verweigert, erhält keine Punkte.

TRAININGSMÖGLICHKEITEN

Zerlegen der Übung:
1. Grundstellung mit Blickkontakt
2. Sprung über die Hürde
3. Rücksprung über die Hürde
4. Vorsitzen
5. Grundstellung einnehmen

Die Übungselemente 2 und 3 werden in diesem Kapitel beschrieben.

2. Sprung über die Hürde:
Mit dieser Übung kann schon sehr früh begonnen werden, da sich eine Obedience-Hürde in Schritten von 10 cm verstellen lassen sollte. Dabei kommt es am Anfang gar nicht auf die richtige Hürdenhöhe an, sondern der Hund soll nur den Ablauf der Übung erlernen. Bei jungen Hunden ist es gut, wenn sie vom Übungsleiter festgehalten werden und der Hundeführer sich auf die andere Seite der Hürde begibt. Mit einem Motivationsgegenstand wird der junge Hund über die sehr niedrig eingestellte Hürde gelockt. Dabei ist es wichtig, dass der Hundeführer zu Beginn sehr dicht hinter der Hürde steht, aber sich rechtzeitig nach hinten entfernt, damit der Hund über die Hürde springen kann. Bei sicherer Ausführung der Teilübung wird nun das Kommando »Hopp« für den Sprung mit hinzugefügt. Hat der Hund diese Übung begriffen, werden Hundeführer und Übungsleiter miteinander ausgetauscht. Für sensible Hunde ist dieser Zwischenschritt sehr wichtig, um eine

Wir üben mit Sita den Hürdensprung.

gute Arbeitsgeschwindigkeit zu zeigen.

Inzwischen springt der Hund über die Hürde, begibt sich dann zum Übungsleiter auf der anderen Seite, nimmt dort eine bestimmte Position ein (vorzugsweise »Steh«), erhält vom Übungsleiter ein Leckerchen und springt dann auf Anweisung des Hundeführers zurück über die Hürde und setzt sich vor den Hundeführer. So erhalten wir bereits einen Hin- und Rücksprung. Hörzeichen werden aber immer vom Hundeführer selbst gegeben. Schrittweise wird die Distanz vergrößert, die zwischen Hundeführer, Hürde und Übungsleiter liegt. Nun kann auch eine gut sichtbare Futterbox den Übungsleiter ersetzen. Ab und zu bekommt der Hund nur noch vom Hundeführer seine Bestätigung.

In der Weiterentwicklung der Übung bekommt der Hund dann nur noch selten seine Bestätigung nach dem Hinsprung. Sie sollte aber nie ganz ausbleiben. Später, wenn der Hürdensprung mit dem Apportieren kombiniert wird, ist das Apportiergerät das Motivationselement.

ÜBUNG 9: APPORT AUF EBENER ERDE

Koeffizient: 4
Maximale Punktzahl: 40

Kommandos: Anzahl 4
Beispiel: »Warten«, »Bring«, »Aus«, »Fuß«

Übungsbeschreibung:
Auf Anweisung legt der Hundeführer ein eigenes Bringholz oder einen Apportierdummy mindestens zehn Meter in eine durch den Steward angegebene Richtung aus. Es ist erlaubt, vor dem Auslegen des Holzes ein Wartehörzeichen zu geben. Anschließend muss der Hund so lange neben dem Hundeführer sitzen bleiben, bis dieser ihm auf Anweisung das Hörzeichen zum Apportieren gibt. Der Hund muss dem Hörzeichen flott, aufgeweckt und auf dem kürzesten Weg folgen. Es ist erlaubt, dass der Hund sich direkt am Holz oder Dummy vorbei umdreht, bevor er es aufnimmt.

Während des Apportierens darf der Hund nicht auf dem Gegenstand kauen oder nachfassen. Der Hund soll auf dem kürzesten Weg zum Hundeführer zurückkehren und sich direkt vor ihn setzen. Der Hund muss den apportierten Gegenstand festhalten, bis der Hundeführer auf Anweisung dem Hund das Hörzeichen zum Loslassen gibt. Danach gibt der Hundeführer auf Anweisung das Hörzeichen zur Grundstellung.

Anmerkung:
Man sollte ein hölzernes Apportel oder einen Kunststoff-Apportierklotz mit einem Gewicht zwischen 175 g und 650 g benutzen.

TRAININGSMÖGLICHKEITEN

Wie in der Beginner-Klasse beschrieben.

Patricia mit Aengus beim Apportiertraining.

Obedience 1

Der Hund wird in der Grundstellung zurückgelassen. Ein zusätzliches Kommando für das Warten ist erlaubt. Das Apportel wird ca. 10 Schritte vom Hund entfernt ausgelegt.

ÜBUNG 10: KONTROLLE AUF DISTANZ

Koeffizient: 4
Maximale Punktzahl: 40

Kommandos: Anzahl 4
Beispiel: »Platz«, »Sitz«, »Platz«, »Sitz«

Übungsbeschreibung:
Der Hund befindet sich in liegender Stellung auf dem bezeichneten Platz. Auf Anweisung verlässt der Hundeführer den Hund zu einer angegebenen, ungefähr 15 m vom Hund entfernten Stelle.

Der Steward gibt dem Hundeführer per Handzeichen an, wann der Hund die Stellung zum »Sitz« und anschließend wieder ins »Platz« wechseln soll.

Anmerkung:
Vor dem Hund wird mit Hilfe einer imaginären Linie zwischen zwei Pylonen eine Grenze gezogen. Dabei sollten besonders die Geschwindigkeit beachtet werden, mit welcher der Hund die Stellung wechselt und in welchem Maße er sich bewegt. Für eine Punktvergabe sollte der Hund sich vom Ausgangspunkt nicht weiter bewegen als einmal seine Körperlänge jeweils in einer Richtung. Wenn der Hund eine Stellung auslässt, sollten

Distanzübung.
Trainiert wird aus kurzer Distanz.

nicht mehr als 7 Punkte vergeben werden. Der Hund muss wenigstens einmal seine Stellung wechseln, um Punkte zu erhalten. Der Steward sollte drei Sekunden zwischen jedem Wechsel der Kommandozeichen warten. Die Kommandos des Hundeführers (gesprochen und/oder durch Handzeichen) sollten nicht übertrieben sein. Setzt sich der Hund vor Rückkehr des Hundeführers auf, sollten nicht mehr als 8 Punkte vergeben werden.

TRAININGSMÖGLICHKEITEN

Zerlegen der Übung:

1. Grundstellung
2. Von Sitz ins Platz
3. Liegen bleiben
4. Distanzarbeit von Platz ins Sitz
5. Distanzarbeit von Sitz ins Platz
6. Liegen bleiben beim Zurückkommen des Hundeführers
7. Liegen bleiben bis zur Anweisung »Sitz«
8. Grundstellung einnehmen

Die Teilübungen 4 und 5 werden in diesem Kapitel behandelt.

Distanzarbeit von Platz ins Sitz und Sitz ins Platz:
In der Basisarbeit wurden die Positionswechsel im Trainingsaufbau beschrieben. Als Weiterentwicklung der Übung wird nun der Abstand vom Hundeführer zum Hund langsam vergrößert. Als Hilfsmittel benutze ich nun eine Fährtenleine, die ich vor dem Hund auf den Boden lege und die auf einer Seite in einer Höhe von zirka 40 cm vom Boden entfernt befestigt wurde. Damit sich der Hund an dieses Hilfsmittel gewöhnt, führe ich ihn mehrmals über die Leine, die flach auf dem Boden liegt. Als nächsten Schritt lege ich den Hund vor der Leine ab und stelle mich vor den Hund. Die Leine befindet sich zwischen Hund und Hundeführer. Der Übungsleiter spannt nun die Leine an, die sich so vor dem Hund aufwärts bewegt. Wenn der Hund ruhig liegen bleibt, wird er bestätigt. Nun beginne ich mit der Distanzarbeit, indem ich dem Hund die Kommandos für Sitz und Platz gebe. Habe ich während der Basisarbeit dem Hund die richtige Technik vermittelt, werde ich ihn über die Leine nur sehr wenig korrigieren müssen, indem ich während der Positionswechsel die Leine anspanne. Dieses Hilfsmittel ist sehr gut abzubauen und oftmals wird ein Kreidestrich bei Hallenprüfungen verwendet, der unserer Leine sehr ähnlich sieht.

Eine weitere Trainingsmöglichkeit bietet ein Holzkasten, in den wir unseren Hund ablegen. Die vordere Begrenzung verhindert, dass sich der Hund nach vorne schiebt. Das gleiche Prinzip ist das Üben auf einem Agility-Tisch. Bei allen Trainingsvarianten ist ein langsamer Aufbau der Distanz von größter Wichtigkeit und wir müssen darauf achten, dass wir unseren Hund nicht durch Doppelkommandos ausbilden und bestätigen.

Obedience 1

Distanzkontrolle mit einer Fährtenleine als Hilfsmittel.

ÜBUNG 11: UMGANG MENSCH/HUND

Koeffizient: 1
Maximale Punktzahl: 10

Übungsbeschreibung:
Diese Übung dient der Anregung, damit der Hund am Ende einer Übung ruhig belohnt wird. Am Verhalten des Hundeführers und des Hundes wird beurteilt, ob zwischen beiden die gewünschte Verständigung vorhanden ist. Der Hund soll das gesamte Programm fröhlich erarbeiten.

Anmerkung:
Was dieses Regelwerk nicht vorsieht, entscheidet der Obedience-Leistungsrichter.

OBEDIENCE 2

ÜBUNG 1: 2 MINUTEN SITZEN MIT SICHTKONTAKT

Koeffizient: 2
Maximale Punktzahl: 20

Kommandos: Anzahl 2
Beispiel: »Sitz«, »Warten«

Übungsbeschreibung:
Die Hunde werden angeleint zu dieser Übung gebracht. Die Hundeführer nehmen mit ihren Hunden in einer Reihe mit etwa drei Metern Abstand zueinander in der Grundstellung Aufstellung. Nachdem die Hunde abgeleint worden sind, begeben sich die Hundeführer 20 Schritte in die vom Steward angegebene Richtung, in Sichtkontakt zum Hund.

Nach zwei Minuten kehren die Hundeführer auf Anweisung neben ihre Hunde zurück in Grundstellung. Die Übung wird durch Anweisung beendet.

Anmerkung:
Nach dem letzten Hörzeichen »Bleib/ Warten«, darf kein extra Hörzeichen mehr gegeben werden. Wenn ein Hund wegläuft, wird er schweigend angeleint und mitgenommen. Steht ein Hund nach dem Hörzeichen »Sitz« auf oder legt sich hin oder entfernt er sich vom Platz, auch in der Rückkehrphase des Hundeführers zum Hund, erhält er für diese Übung keine Punkte.

TRAININGSMÖGLICHKEITEN

Wie in der Leistungsklasse Obedience 1 beschrieben, wird nun die Zeitspanne, die der Hund sitzt, langsam verlängert. Für die Prüfungsvorbereitung ist es gut, wenn man die Möglichkeit sucht, auch in fremder Umgebung und mit unbekannten Teams zu trainieren.

Weitere Trainingsmöglichkeiten:
Die Teams stehen nicht nebeneinander, sondern bilden einen Kreis. Die Hundeführer entfernen sich von ihren Hunden in die Mitte des Kreises. Als weiterführende Übung können sich die Hundeführer auch in der Kreismitte drehen, oder stellen sich hinter ihre Hunde und bewegen sich kreisförmig um die Gruppe.

Es ist immer von Vorteil, die Übungen unterschiedlich aufzubauen. So bleiben sie für die Hunde interessant und nicht kalkulierbar und wir erhalten so die Aufmerksamkeit und Grundanspannung unseres Teamgefährten.

ÜBUNG 2: 3 MINUTEN LIEGEN OHNE SICHTKONTAKT

Koeffizient: 2
Maximale Punktzahl: 20

Kommandos: Anzahl 3
Beispiel: »Platz«, »Warten«, »Sitz«

Übungsbeschreibung:
Direkt nach der Übung 1 wird die Übung 2 gezeigt. Diese Übung wird gleichzeitig durch mehrere Teilnehmer ausgeführt. Die Teams stehen in einer geraden Linie in Grundstellung, mit einem Zwischenraum von etwa drei Metern. Auf Anweisung geben die Hundeführer nacheinander das Hörzeichen für die Platzposition. Der Hund muss ohne zu zögern das Hörzeichen umsetzen und sich gerade neben seinen Hundeführer legen. Auf Anweisung begeben sich die Hundeführer nach einem letzten Hörzeichen in die vom Steward angegebene Richtung außer Sicht- und Hörkontakt zum Hund. Beim Hund darf nichts zurückgelassen werden. Die Zeit beginnt, wenn der letzte Hundeführer außer Sicht ist.

Auf Anweisung kehren die Hundeführer auf 20 Schritte Abstand zu ihren Hunden zurück und begeben sich auf Anweisung neben ihren Hund. Nacheinander, wieder auf Anweisung, werden die Hunde ins Sitz gerufen. Der Steward beendet die Übung.

Abliegetraining.

Anmerkung:
Nach ungefähr einer Minute geht der Steward direkt vor und/oder direkt hinter und zwischen den Hunden durch. Die Hunde sollen ruhig und ohne sich vom Platz zu bewegen liegen bleiben. Ein Hund, der sich auf das Hörzeichen eines anderen hinlegt, bekommt Punktabzug. Setzt sich ein Hund oder steht auf, erhält er für diese Übung keine Punkte. Ein Hund, der mehr als einen Meter kriecht, bekommt keine Punkte. Nach dem letzten Hörzeichen »Bleib/Warte«, darf kein zusätzliches Hörzeichen mehr gegeben werden. Läuft ein Hund weg, muss dieser schweigend mitgenommen werden.

TRAININGSMÖGLICHKEITEN

Trainingserweiterung:
Trainingsbeispiele wie bei der Übung »Sitz in der Gruppe« beschrieben. Als weitere Herausforderung ist das Entfernen des Hundeführers außer Sicht des Hundes zu sehen. Um diese Teilübung zu trainieren, stellen sich die Hundeführer in einem Abstand von zirka 20 Schritten von ihrem Hund entfernt auf. Ein einzelner Hundeführer geht nun nur wenige Sekunden außer Sicht seines Hundes und kehrt danach wieder in die Gruppe der anderen Hundeführer zurück. Nun entfernt sich ein anderer und das Spiel beginnt von Neuem. Ist diese Teilübung gefestigt, wird die Zeitspanne, die sich die Hundeführer außer Sicht ihres Hundes befinden, verlängert. Es können nun auch zwei oder drei Hundeführer gleichzeitig außer Sicht gehen. Dieses Prinzip wenden wir so lange an, bis alle Hundeführer gleichzeitig außer Sicht des Hundes gehen können. Nun verlängern wir als Nächstes die Zeitspanne, in der die Hundeführer für die Hunde nicht mehr zu sehen sind.

Ablenkung der Hunde durch den Steward:
Eine weitere Schwierigkeit, die in dieser Leistungsstufe gefordert wird, ist die Ablenkung durch einen Steward. Wie in der Übungsbeschreibung erklärt, geht der Steward vor, hinter und zwischen den Hunden vorbei. Diese Ablenkung erfolgt, wenn sich die Hundeführer noch außer Sicht befinden.

Zunächst trainieren wir diese Ablenkung mit einer für die Hunde bekannten Person und die Hundeführer befinden sich in kurzer Distanz zu ihren Hunden. Danach lassen wir die Ablenkung durch verschiedene Personen durchführen. Für ängstliche Hunde ist dieser Schritt sehr wichtig. Danach vergrößern wir die Distanz und wir beginnen mit den Ausbildungsschritten zum »Außer Sicht des Hundes gehen«.

ÜBUNG 3: FREIFOLGE

Koeffizient: 4
Maximale Punktzahl: 40

Kommandos: Anzahl variiert nach Anforderung
Beispiel: »Fuß«

Übungsbeschreibung:
Der Hund muss flott, aufmerksam und unmittelbar links neben dem Hundeführer folgen (Schulter auf Kniehöhe) und zwar so, dass er diesen in keiner Weise in seinen Bewegungen behindert. Es wird in einem normal schnellen Schritt gegangen und weiter auf Anweisung mindestens 25 Meter im Laufschritt und im langsamen Schritt.

Der Steward kann die folgenden Anweisungen geben:

A. Vorwärts
B. Rechts
C. Links
D. Rechtsumkehrt
E. Linksumkehrt
F. Halt
G. Laufschritt
H. Langsamer Schritt
I. Slalom

Bei B und C muss die Richtungsänderung 90° betragen. Bei E kann ein kleiner Bogen nach links gemacht werden. Das Halt bei F muss frei plötzlich geschehen, der Hund muss sich hierbei unmittelbar und aus eigener Bewegung setzen. Beim Vorwärts, nach einem Anhalten auf Anweisung, ist ein Hörzeichen zulässig. Für I werden sechs Pylonen mit einem Abstand von 2,5 Metern zueinander aufgestellt, der Abstand zwischen Pylone und Hundeführer muss einen Meter betragen. Anzahl, Art und Folge der Anweisungen können vom Ringsteward variiert werden, auch während der Ausführungen der anderen Übungen.

Anmerkung:
Bei G und H ist es erlaubt, beim Tempowechsel ein Hörzeichen zu geben. Hunde, die überwiegend hinter oder weit folgen, bekommen für diese Übung keine Punkte.

Punktabzug kann erfolgen wenn
- der Hund schräg vor oder neben dem Hundeführer sitzt,
- zusätzliche Hörzeichen gegeben werden.

TRAININGSMÖGLICHKEITEN

Trainingserweiterung:
Zusätzliche Anforderungen in dieser Leistungsklasse sind der langsame Schritt und die Figur Slalom.

Langsamer Schritt:
Jedes Team muss für sich die richtige Geschwindigkeit herausfinden, damit für den Richter ein deutlicher Gangartwechsel des Hundes erkennbar ist. Häufig wird vom Hundeführer die Schrittlänge beim langsamen Schritt so vergrößert, dass beim Hund kaum eine Änderung der Gangart zu erkennen ist.

Wählt man allerdings eine extrem langsame Arbeitsweise, neigt der Hund dazu, sich hinzusetzen. Für unseren Vierbeiner ist es sehr ermüdend, sich in dieser Arbeitsgeschwindigkeit zu konzentrieren. Aus diesem Grund trainieren wir nur kurze Trainingseinheiten und beenden die Übungen mit einem temperamentvollen Spiel. Es ist auch von Vorteil, wenn wir schon sehr bald Winkel und Wendungen mit einfließen lassen, das erhöht die Konzentrationsfähigkeit und verhindert Langeweile bei den Übungen.

Figur Slalom:
Auch bei dieser Figur ist die korrekte Ausführung hauptsächlich vom Hundeführer abhängig. Genau wie bei der Figur Acht trainiere ich auch den Slalom zuerst ohne Hund. Dabei muss beachtet werden, dass die Pylonen gerade durchschritten werden und nicht in einer Schlangenlinie. Dadurch erhalten wir eine exaktere Ausführung und die geforderten Abstände können besser eingehalten werden. Im Training ersetzen wir die Pylonen ab und zu durch andere Gegenstände. Es gehört zur Prüfungsvorbereitung, für alle Eventualitäten gerüstet zu sein.

Gerli und Blaze beim Slalom.

ÜBUNG 4: »SITZ« UND »PLATZ« AUS DER BEWEGUNG

Koeffizient: 3
Maximale Punktzahl: 30

Kommandos: Anzahl 5
Beispiel: »Fuß«, »Sitz«, »Fuß« »Platz«, »Fuß«

Übungsbeschreibung:
Bei dieser Übung ist ein markiertes Quadrat von 10 x 10 Metern zu umgehen. Der Hundeführer nimmt mit seinem Hund auf Anweisung des Leistungrichters die Grundstellung ein. Auf Anweisung geht der Hundeführer mit seinem Hund in die angegebene Richtung. Nach einem Richtungswechsel wird der Hund auf Anweisung mit einem Hörzeichen in die Position »Sitz« gebracht während der Hundeführer, ohne seine Gangart zu unterbrechen oder sich umzudrehen, um das Quadrat herumläuft, bis er wieder bei seinem Hund angelangt ist. Ohne anzuhalten wird der Hund mittels eines Hörzeichens bei Fuß mitgenommen.

Nach einem weiteren Richtungswechsel wird der Hund auf Anweisung mit einem Hörzeichen in die Position »Platz« gebracht, während der Hundeführer, ohne seine Gangart zu unterbrechen oder sich umzudrehen, das Quadrat ein weiteres Mal umläuft, bis er wieder bei seinem Hund angelangt ist. Ohne anzuhalten wird der Hund mittels Hörzeichen bei Fuß mitgenommen. Nach einem weiteren Richtungswechsel wird die Übung auf Anweisung in der Grundstellung beendet.

Anmerkung:
Der Hund muss innerhalb von drei Körperlängen die Position »Sitz« oder »Platz« eingenommen haben, sonst erhält er nicht mehr als 8 Punkte. Wenn der Hund, nachdem er eine der verlangten Positionen eingenommen hat, diese wechselt (z.B. von der Position »Sitz« in die Position »Platz«) kann er nicht mehr als 7 Punkte erhalten. Wenn der Hund nicht mindestens eine der verlangten Positionen einnimmt, erhält er keine Punkte. Punktabzug gibt es ebenfalls für eine unsaubere Freifolge.

TRAININGSMÖGLICHKEITEN

Trainingserweiterung:
Nachdem unser Hund das »Platz aus der Bewegung« gelernt hat, kommt nun das »Sitz aus der Bewegung« hinzu. Es macht wenig Sinn, diese Übung immer in Verbindung mit dem 10 x 10 Meter großen Pylonenquadrat zu trainieren. Der Hund würde sehr bald eine automatisierte Handlung zeigen und es bestünde die Gefahr, dass er nachhängt oder sogar selbstständig die geforderten Positionen einnimmt. Aus diesem Grund sollte man diese Übung mit dem Freifolgetraining kombinieren.

Den Grundaufbau dieser Übungen habe ich bereits in der Beginner-Klasse beziehungsweise in Obedience 1 erklärt.

ÜBUNG 5: KOMMEN MIT PLATZ

Koeffizient: 4
Maximale Punktzahl: 40

Kommandos: Anzahl 5
Beispiel: »Platz«, »Hier«, »Platz«, »Hier«, »Fuß«

Übungsbeschreibung:
Der Hund wird auf einem angegebenen Platz abgelegt. Der Hundeführer läuft mindestens 25 Meter in eine durch den Steward angegebene Richtung weg, ohne sich umzuschauen. Auf Anweisung dreht er sich dann um, mit dem Gesicht zum Hund. Auf Anweisung ruft der Hundeführer den Hund, der das gegebene Hörzeichen sofort und ohne zu zögern umsetzen soll.

Auf ungefähr der Hälfte der Distanz gibt der Hundeführer auf Anweisung dem Hund das Hörzeichen zum Platz, danach bekommt der Hund erneut das Hörzeichen zum Kommen.

Anmerkung:
Der Hund muss das Hör- oder Sichtzeichen sofort befolgen und mindestens im Trab kommen, seine Rasse berücksichtigend. Es sind jedoch zwei zusätzliche Hörzeichen erlaubt, träges Kommen gibt Punktabzug. Ein Hund, der mehr als das Dreifache seiner Körperlänge durchläuft, bekommt für diese Übung keine Punkte. Schräg vor oder daneben sitzen gibt Punktabzug.

TRAININGSMÖGLICHKEITEN

***Zerlegen der Übung*:**
1. Korrekte Grundstellung
2. Positionswechsel von Sitz zu Platz
3. Liegen bleiben beim Entfernen
4. Schnelles Herankommen auf Befehl
5. Schnelles Platz aus der Bewegung auf Anweisung
6. Schnelles Herankommen auf weiteren Befehl
7. Korrektes Vorsitzen
8. Grundstellung einnehmen

Schnelles Einnehmen der Platzposition aus der Bewegung auf Anweisung:
Dies ist eine sehr anspruchsvolle Übung, wenn man bedenkt, dass der Hund zwischen den Positionen immer die gleiche Arbeitsgeschwindigkeit zeigen soll und die Anweisung zum Platz aus der Bewegung sofort befolgen muss.

Im Training wird diese Übung am besten über ein Spielzeug aufgebaut. Nachdem ich den Hund im Platz zurückgelassen habe und ich mich eine kleine Strecke von ihm entfernt habe, wird er abgerufen. Ich halte das Spielzeug gut sichtbar in meiner Wurfhand. Nun täusche ich wie ein guter Handballspieler einen Wurf über den Hund an. Ich gebe nun das Kommando »Platz« in dem Moment, in dem mein Hund zum Stehen gekommen ist. Nach der richtigen Ausführung werfe ich nun den Ball hinter den Hund. Die

Bestätigung erfolgt also gegen seine Laufrichtung. Das ist sehr wichtig, damit der Hund die Anweisung zum Platz direkt und schnell befolgt. Anfangs wird diese Übung noch sehr verhalten aussehen, jedoch lernt der Hund schnell, was wir von ihm verlangen. Wir dürfen diese Form des Trainings jedoch nur sehr selten benützen, da wir sonst sehr an Arbeitsgeschwindigkeit verlieren.

Als Ausgleich lassen wir unseren Hund nach dieser Übung wieder drei- bis viermal durchlaufen und werfen das Spielzeug durch unsere Beine. Es besteht auch die Möglichkeit, diese Übung mit einem Leckerbissen in einer Futterschüssel zu trainieren, indem wir diese hinter dem Hund aufstellen. Nachdem wir ihn abgerufen haben und er auf unsere Anweisung ins Platz gegangen ist, wird er über diese Futterschüssel bestätigt. Auch in diesem Fall findet die Bestätigung entgegen der Laufrichtung des Hundes statt. Eine weitere Trainingsmöglichkeit werde ich in der Leistungsklasse 3 aufzeigen.

ÜBUNG 6: VORAUSSENDEN IN EIN VIERECK MIT HINLEGEN

Koeffizient: 3
Maximale Punktzahl: 30

Kommandos: Anzahl 4
Beispiel: »Box«, »Steh«, »Platz«, »Sitz«

Übungsbeschreibung:
Aus der Grundstellung schickt der Hundeführer auf Anweisung den Hund zum Viereck (Entfernung 20 Schritte). Dieses ist durch vier Pylonen gekennzeichnet und hat eine Größe von 3 x 3 Metern. Eine kurze Armbewegung ist gestattet, um der Aufforderung Nachdruck zu verleihen. Wenn der Hund im Feld angekommen ist, darf der Hundeführer ihn selbstständig ins »Platz« rufen. Ein Hörzeichen hat der Hund sofort umzusetzen, mit seiner Front dem Hundeführer zugewandt. Auf Anweisung begibt sich der Hundeführer zum Hund. Der Hundeführer lässt den Hund auf ein Zeichen sitzen.

Anmerkung:
Das Feld von 3 x 3 Metern wird durch vier Pylonen gekennzeichnet. Nach dem ersten Hörzeichen sind noch fünf zusätzliche Hörzeichen erlaubt.

Vor dem Kommando »Platz« im Viereck darf der Hund zuerst ins »Steh« gerufen werden. Pro Hörzeichen gibt es Punktabzug, Zurückrufen wird als extra Hörzeichen verzeichnet. Aufs neue Ansetzen gibt Punktabzug. Außer einer kurzen Armbewegung sind andere Körperbewegungen nicht erlaubt. Ein Hund, der nach dem Hörzeichen »Platz« außerhalb des Feldes liegt, bekommt für diese Übung keine Punkte.

Voraussenden in das Viereck.

TRAININGSMÖGLICHKEITEN

Trainingserweiterung:
Bisher haben wir den Hund auf einen Gegenstand in der Box fixiert, zu dem er laufen soll. Eine weitere Trainingsmethode besteht darin, dass wir den Gegenstand hinter die Box legen. Nachdem wir den Hund zu dem Gegenstand geschickt haben, wird er über den Gehorsam in der Box zum Stehen gebracht. Anschließend wird er wieder über den ausgelegten Gegenstand bestätigt. Es kann auch sehr gut ein Übungsleiter mit einem Leckerbissen hinter der Box stehen, der dann in der Weiterentwicklung der Übung sich immer weiter von der Box nach hinten entfernt.

Betrachten wir die Arbeitsweise unseres Hundes, ist häufig zu erkennen, dass er kurz vor dem Gegenstand an Geschwindigkeit verliert. Verlagern wir nun den Gegenstand außerhalb der Box, zeigt der Hund eine gleichbleibende Geschwindigkeit bis in die Box hinein.

Diese Technik ist aber nicht für jeden Hund geeignet und es muss gut überlegt werden, ob man von der vorher aufgezeigten Trainingsmethode abweichen möchte.

ÜBUNG 7: APPORT ÜBER DIE HÜRDE

Koeffizient: 3
Maximale Punktzahl: 30

Kommandos: Anzahl 5
Beispiel: »Warten«, »Hopp«, »Bring«, »Aus«, »Fuß«

Übungsbeschreibung:
Auf Anweisung wirft der Hundeführer sein eigenes Apportierholz oder einen Dummy über das Hindernis. Es ist erlaubt, für das Werfen des Holzes ein Wartekommando zu geben. Der Hund befindet sich in Grundstellung, bis der Hundeführer ihm auf Anweisung das Hörzeichen gibt, die Hürde zu überspringen. Der Hund muss dieses flott und aufgeweckt befolgen. Es ist erlaubt, dass der Hund sich direkt am Holz oder Dummy umdreht, bevor er den Gegenstand aufnimmt. Während des Apportierens darf der Hund nicht auf dem Gegenstand kauen oder ihn nachfassen. Der Hund muss mit dem Gegenstand zurück über die Hürde springen, um zum Hundeführer zurückzukehren und sich direkt vor ihn setzen. Der Hund muss den apportierten Gegenstand festhalten, bis der Hundeführer diesen auf Anweisung festhält und dem Hund das Hörzeichen zum Loslassen gibt. Danach gibt der Hundeführer das Hörzeichen zur Grundstellung.

Anmerkung:
Das Hörzeichen »Apport« muss gegeben werden, bevor der Hund über dem Hindernis ist. Gibt man das Hörzei-

Woody beim Apport über die Hürde.

chen nach dem Hindernis, werden zwei Punkte abgezogen. Ein Hund, der neben dem Hindernis herläuft, sowohl hin und/oder zurück, bekommt für diese Übung keine Punkte. Neu ansetzen ist nicht erlaubt.

Punktabzug erfolgt wenn
- zusätzliche Hörzeichen gegeben werden,
- der Hund schräg vor oder neben dem Hundeführer sitzt,
- der Hund auf dem Gegenstand kaut,
- der Hund es fallen lässt,
- wenn der Hundeführer den Gegenstand ohne Anweisung vom Hund abnimmt oder anfasst.

Die Hürde soll kompakt und die Sprunghöhe gleich der Schulterhöhe des Hundes, aufgerundet auf die nächsten 10 cm, sein. Die Breite beträgt zwischen 1 Meter und 1,50 Meter Man sollte ein hölzernes Apportel oder einen Kunststoff-Apportierklotz mit einem Gewicht zwischen 175 g und 650 g benutzen.

TRAININGSMÖGLICHKEITEN

Trainingserweiterung:
Da wir schon in Obedience 1 den Hürdensprung gezeigt haben, ist die Kombination mit dem Apportieren nur ein Zusammensetzen der Übungen. Die Distanz des Hundeführers mit seinem Hund zur Hürde ist in dieser Klasse nicht genau definiert und deshalb frei wählbar. Der Abstand sollte so bemessen sein, dass der Hund noch die Möglichkeit hat, sich nach dem Rücksprung korrekt zum Vorsitzen auszurichten. Bei einem Hund, der nicht ganz so eng vorsitzt, kann es von Vorteil sein, die Distanz zur Hürde etwas kürzer zu wählen. Durch die Geschwindigkeit beim Sprung kann dadurch ein näheres Vorsitzen erreicht werden. Allerdings wird in der internationalen Obedience-Klasse 3 die Entfernung auf drei Meter festgelegt.

Ein entscheidender Faktor für eine saubere Ausführung dieser Übung ist die Wurftechnik des Hundeführers. Im Idealfall sollte das Apportierholz gerade hinter der Hürde zum Liegen kommen. Dadurch wird der Rücksprung für den Hund leichter gemacht, als wenn das Apportel weit neben der Hürde liegt. Für einen sicheren Wurf halte ich das Apportel längs an der Außenseite und gebe beim Werfen einen Drall in meine Richtung. Dadurch bleibt der Gegenstand beinahe konstant an der Aufprallstelle liegen, selbst wenn es sich um ein rundes Apportel handelt.

Wenn der Hund diese Übung sicher zeigt, beginne ich einen Fehlwurf zu simulieren, indem ich das Holz bewusst etwas neben der Hürde auslege. Diese Übung wird links und rechts neben der Hürde trainiert und immer etwas weiter nach außen gelegt. Jetzt ist unser Hund auch auf einen Fehlwurf unsererseits bei einer Prüfung vorbereitet.

ÜBUNG 8: METALLAPPORT AUF EBENER ERDE

Koeffizient: 2
Maximale Punktzahl: 20

Kommandos: Anzahl 4
Beispiel: »Warten«, »Bring«, »Aus«, »Fuß«

Übungsbeschreibung:
Auf Anweisung legt der Hundeführer seinen eigenen Apportierblock aus Metall mindestens 10 Meter weit in eine angegebene Richtung aus. Es ist erlaubt, vor dem Auslegen ein Wartehörzeichen zu geben. Anschließend muss der Hund so lange neben dem Hundeführer sitzen bleiben, bis dieser ihm auf Anweisung das Hörzeichen zum Apportieren gibt.

Der Hund muss nun flott, aufgeweckt und auf direktem Weg gehorchen. Es ist erlaubt, dass der Hund sich direkt am Gegenstand vorbei umdreht, bevor er ihn aufnimmt. Während des Apportierens darf der Hund nicht auf dem Gegenstand kauen oder ihn nachfassen. Der Hund muss direkt zum Hundeführer zurückkehren und sich eng vor den Hundeführer setzen. Der Hund muss den apportierten Gegenstand festhalten, bis der Hundeführer diesen auf Anweisung festhält und dem Hund das Hörzeichen zum Loslassen gibt. Danach gibt der Hundeführer das Hörzeichen zur Grundstellung.

Anmerkung:
Punktabzug kann erfolgen wenn
- der Hund schräg vor oder neben dem Hundeführer sitzt,
- der Hund auf dem Gegenstand kaut und/oder nachfasst,
- ein Hund den Gegenstand fallen lässt,
- der Hundeführer den Gegenstand ohne Anweisung annimmt oder anfasst.

Der Gebrauch einer metallenen Röhre mit einer Erhöhung an den Seiten ist Pflicht. Der Metallgegenstand ist vom Hundeführer mitzubringen und sollte das Gewicht zwischen 175 g und 650 g aufweisen.

TRAININGSMÖGLICHKEITEN

Trainingserweiterung:
Für viele Hunde ist es ein Problem, Metall in den Fang zu nehmen. Eine Möglichkeit dieses Problem zu lösen, habe ich bereits in der Beginner-Klasse beschrieben. Nun gibt es aber noch weitere Möglichkeiten, an dieses Problem heranzugehen. Umwickelt man das Apportel mit einem weichen Material, kann das schon zum Erfolg führen. Dazu eignen sich Stoff, Pflaster oder Hanfseile. Nachdem ich das Metallapportel in der Mitte komplett abgepolstert habe, wird im Laufe des Trainings langsam die Polsterung entfernt.

Eine weitere Trainingshilfe wäre ein mit Löchern versehenes Metallrohr, in das ich besonders gute Leckerchen füllen kann. Die Seiten sollten dann aber verschließbar sein, damit sich der Hund nicht selbst bestätigen kann.

Verbindet man die Aufnahme eines Metallgegenstandes mit einer besonders großen und leckeren Portion Futter, kann das bei einem verfressenen Hund dazu führen, dass er aus verschiedenen Apportiergegenständen immer das Metallapportel heraussucht.

Welche Möglichkeit man auch wählt, sie darf nie mit Zwang verbunden sein, da der Hund dies immer in seiner Arbeitsweise widerspiegeln würde.

Metallapport mit Woody.

ÜBUNG 9: GERUCHSUNTERSCHEIDUNG AUS MAXIMAL 6 GEGENSTÄNDEN

Koeffizient: 4
Maximale Punktzahl: 40

Kommandos: Anzahl 4
Beispiel: »Such«, »Bring«, »Aus«, »Fuß«

Übungsbeschreibung:
Vor Beginn der Übung 3 oder wenn der Wettbewerb unterteilt ist, zu Beginn des zweiten Teils erhält jeder Hundeführer einen Gegenstand aus Holz zum Apportieren (8-10 cm x 2-3 cm), der mit der Startnummer des jeweiligen Teams gekennzeichnet ist.

Bei Beginn der Übung wird der Gegenstand dem Steward übergeben. Der Hundeführer wird gebeten sich umzudrehen und der Steward legt den Gegenstand des Hundeführers - ohne ihn zu berühren - mit höchstens fünf gleichartigen, neutralen Gegenständen kreisförmig in den Positionen 11, 12 oder 1 Uhr oder in einer Reihe ungefähr 10 Meter vom Hundeführer entfernt aus.

Der Abstand der Hölzer zueinander beträgt ca. 25 cm. Auf Anweisung gibt der Hundeführer dem Hund das Kommando zum Apportieren (des Gegenstandes des Hundeführers). Der Hund sollte den Gegenstand des Hundeführers finden und ihm denselben bringen.

Anmerkung:
Der Hund darf den Holzgegenstand weder berühren noch daran schnuppern, bevor dieser dem Steward übergeben wird. Sollte dies doch vorkommen, ist die Übung ungültig. Besonders zu beachten sind die Arbeitswilligkeit des Hundes und seine Schnelligkeit. Wenn der Hund vor Erteilen des Kommandos losläuft, am Gegenstand kaut oder ihn fallen lässt, bevor er dazu aufgefordert wurde, sollten höchstens 7 Punkte vergeben werden. Nimmt der Hund einen falschen Gegenstand auf, ist die Übung ungültig. Pro Team sollten sechs neue Gegenstände vorhanden sein. Dem Hund stehen für diese Übung nicht mehr als drei Minuten zur Verfügung.

TRAININGSMÖGLICHKEITEN

Zerlegen der Übung:
1. Korrekte Grundstellung
2. Schnelles Vorauslaufen auf Anweisung
3. Ruhiges Heraussuchen des richtigen Geruchsholzes
4. Apportieren des Geruchsholzes
5. Korrektes Vorsitzen und ruhiges Halten
6. Auslassen des Gegenstandes auf Anweisung
7. Grundstellung einnehmen

3. Ruhiges Heraussuchen des richtigen Geruchsholzes:
Zunächst beginne ich damit, das Geruchsholz oder ein Spielzeug in den

Händen zu reiben und für den Hund interessant zu machen, lasse ihn daran riechen und werfe es in hohes Gras. Sofort lasse ich ihn danach suchen. Dabei ist es noch nicht wichtig, dass er den Gegenstand zurückbringt, sondern allein das Suchen des Gegenstandes ist die Teilübung, die ich hierbei trainiere. Für diese Arbeit wird er natürlich ausgiebig gelobt und mit einem Leckerchen belohnt.

Clicker-Technik: Click und Belohnung, wenn der Hund den Gegenstand gefunden hat.

Nachdem dieser Ablauf gefestigt ist, kann man mit folgenden Möglichkeiten beginnen:

Methode 1:
Es wird ein Brett vorbereitet, auf dem mehrere Geruchshölzer von unten festgeschraubt sind. Der Hund hat keine Möglichkeit, ein falsches Holz aufzunehmen. Dazwischen lege ich nun ein Geruchsholz mit meinem Geruch. Der Hund darf beim Auslegen ruhig zusehen. Nachdem er das richtige aufgenommen hat, wird er wieder bestätigt. Wurde diese Teilübung gefestigt, benutze ich Hölzer, die in der Mitte mit einem Loch versehen wurden. Diese Hölzer kann man nun mit Zeltnägeln auf dem Boden befestigen. Nur das zu suchende Geruchsholz wird nicht durch einen Zeltnagel abgesichert. So kann der Hund auch nur das richtige Holz aufnehmen.

Amy und Toni bei der Geruchsunterscheidungsübung.

Methode 2:
Man legt das zu suchende Geruchsholz einzeln auf den Boden. In weitem Abstand werden die neutralen Hölzer ausgelegt und durch einen Übungsleiter abgesichert. Sucht der Hund nun zuverlässig nach dem einzelnen Holz, wird der Abstand zu den neutralen Geruchshölzern verringert, bis sie im Laufe der Weiterentwicklung der Übung alle beisammen liegen. Bei dieser Methode besteht allerdings die Gefahr, dass der Hund auch ein falsches Geruchsholz aufnehmen kann. Dieses Verhalten wird dann ignoriert und wir gehen wieder einen Ausbildungsschritt zurück.

Über die Clicker-Technik ist diese Methode sehr gut zu trainieren.

Weitere Trainingsmöglichkeiten:
Plastikblumentöpfe sind für die Sucharbeit ein hervorragendes Hilfsmittel, denn sie sind auf dem Boden mit Löchern versehen. Stellen wir nun eine Reihe von Blumentöpfen mit dem Boden nach oben auf und verstecken ein Spielzeug, das unseren Geruch trägt darunter, haben wir eine weitere gute Variante für das Training gefunden.

Auch Stofftücher eignen sich gut dafür. Unter mehreren Tüchern verstecke ich den Gegenstand, den der Hund suchen soll, oder ich lasse meinen Hund ein Stofftuch suchen, das meinen Eigengeruch trägt.

Möchte man während einer Übungsstunde mehrmals die Geruchsidentifikation trainieren, ist es wichtig, jedesmal ein neues Geruchsholz zu verwenden das den Eigengeruch des Hundeführers trägt. Würde ein weiteres Mal der gleiche Gegenstand eingesetzt, hätte er den Geruch des Hundes angenommen.

ÜBUNG 10: KONTROLLE AUF DISTANZ

Koeffizient: 4
Maximale Punktzahl: 40

Kommandos: Anzahl 5
Beispiel: »Platz«, »Sitz«, »Steh«, »Platz«, »Sitz«

Übungsbeschreibung:
Der Hund befindet sich in liegender Stellung auf dem bezeichneten Platz. Auf Anweisung verlässt der Hundeführer den Hund zu einer angegebenen, ungefähr 15 Meter vom Hund entfernten Stelle. Der Steward gibt dem Hundeführer per Handzeichen an, wann der Hund die Stellung zum »Sitz«, »Steh« und wieder »Platz« wechseln soll. Der Hund sollte dreimal die Stellung wechseln.

Anmerkung:
Vor dem Hund wird mit Hilfe einer imaginären Linie zwischen zwei Pylonen eine Grenze gezogen. Dabei sollten besonders die Geschwindigkeit beachtet werden, mit welcher der Hund die Stellung wechselt und in welchem Maße er sich bewegt. Für eine Punktvergabe sollte der Hund sich vom Ausgangspunkt nicht weiter bewegen als einmal seine Körperlänge jeweils in einer Richtung. Wenn der Hund eine Stellung von drei auslässt, sollten nicht mehr als 7 Punkte vergeben werden. Der Hund muss wenigstens zweimal seine Stellung wechseln, um Punkte zu erhalten. Der Steward sollte drei Sekunden zwischen jedem Wechsel der Kommandozeichen warten. Die Kommandos des Hundeführers gesprochen und/oder durch Handzeichen, sollten nicht übertrieben sein. Setzt sich der Hund vor Rückkehr des Hundeführers auf, sollten nicht mehr als 8 Punkte vergeben werden.

TRAININGSMÖGLICHKEITEN

Übungsaufbau wurde in der Leistungsklasse 1 aufgezeigt.

Die Reihenfolge der Positionen ist in Obedience 2 immer die gleiche. Vom Platz ins Sitz, vom Sitz ins Steh und vom Steh wieder in die Platzposition. Dadurch wird in dieser Klasse der schwierigste Wechsel, nämlich vom Platz ins Steh, noch nicht verlangt.

Distanzkontrollentraining mit Amy.

ÜBUNG 11: UMGANG MENSCH/HUND

Koeffizient: 1
Maximale Punktzahl: 10

Übungsbeschreibung:
Diese Übung dient der Anregung, damit der Hund am Ende einer Übung ruhig belohnt wird. Am Verhalten des Hundeführers und des Hundes wird beurteilt, ob zwischen beiden die gewünschte Verständigung vorhanden ist. Der Hund soll das gesamte Programm fröhlich erarbeiten.

Anmerkung:
Was dieses Regelwerk nicht vorsieht, entscheidet der Obedience-Leistungsrichter.

Vorsitzen in Perfektion - Gerli und Blaze.

Obedience 3

Während die Obedience-Klassen 1 und 2 nach der VDH-Obedience-Prüfungsordnung (VDH-OB PO) geregelt werden, wird die Klasse 3 durch das FCI-Reglement vorgegeben und entspricht der FCI Internationalen Obedience-Klasse mit C.A.C.I.O.B.

Somit sind direkte internationale Vergleichswettkämpfe möglich. Den Volltext des Reglements können Sie anfordern bei:

Für Obedience 1 und 2:
Verband für das Deutsche Hundewesen (VDH)
Postfach 10 41 54/Westfalendamm 174
D-44041 Dortmund
Telefon: 0231/565000
Fax: 0231/592440
E-mail: info@vdh.de
www.vdh.de

Für Obedience 3/Internationale Obedience-Klasse:
Fédération Cynologique Internationale (FCI)
13, Place Albert 1er
B-6530 Thuin
Telefon: 0032/71591238
Fax: 0032/71592229
E-mail: info@fci.de

ÜBUNG 1:
2 MINUTEN SITZEN OHNE SICHTKONTAKT

Koeffizient: 3
Maximale Punktzahl: 30

Kommandos: Anzahl 2
Beispiel: »Sitz«, »Bleib«

Übungsbeschreibung:
Die Hunde sitzen in der Reihe im Abstand von ungefähr drei Metern zueinander.

Die Hundeführer ziehen sich zu einer Stelle außerhalb der Sicht der Hunde zurück.

Anmerkung:
Ein Hund, der aufsteht, sich hinlegt oder weiter als seine eigene Körperlänge kriecht, erhält die Benotung 0. Eine Bewegung sollte die Punktzahl deutlich verringern.

Wenn der Hund ein- bis zweimal bellt, werden 1-2 Punkte abgezogen; bellt er fortwährend, ist die Übung ungültig (0 Punkte).

Hält der Hund nicht still, z.B. wenn er sein Gewicht von einem Fuß auf den anderen verlagert, werden 1-2 Punkte abgezogen.

Der Hund darf den Kopf drehen, wenn eine Ablenkung oder ein Geräusch außerhalb des Rings auftreten.

Legt der Hund sich, oder steht er nach der zweiminütigen Frist auf, wenn der Hundeführer zurückkommt, kann ihm eine Höchstpunktzahl von 5 Punkten zuerkannt werden.

Sitz in der Gruppe.

ÜBUNG 2: 4 MINUTEN LIEGEN OHNE SICHTKONTAKT

Koeffizient: 2
Maximale Punktzahl: 20

Kommandos: Anzahl 3
Beispiel: »Platz«, »Bleib«, »Sitz«

Übungsbeschreibung:
Die Hunde liegen in der Reihe im Abstand von ungefähr drei Metern zueinander. Die Hundeführer ziehen sich zu einer Stelle außerhalb der Sicht der Hunde zurück. Die Hunde sollen vier Minuten lang liegen bleiben, während sie Ablenkungen ausgesetzt sind, z.B indem eine Person in Schlangenlinie zwischen ihnen hindurchgeht. Nach Ablauf der vier Minuten, wenn die Hundeführer gebeten werden sich zu ihren Hunden zu begeben, halten die Hundeführer ungefähr drei Meter hinter den Hunden an, bevor sie sich zu ihnen hinbegeben. Danach erhalten sie Anweisung, die Hunde in Grundstellung zu nehmen.

Anmerkung:
Es sollten sich wenigstens drei Hunde in der Gruppe befinden. Ein Hund, der sich erhebt, sich setzt, während die Hundeführer außer Sicht sind, oder über eine Strecke kriecht, die länger ist als sein eigener Körper, hat die Übung nicht bestanden (0 Punkte). Bellen und Bewegen werden wie in Übung 1 benotet. Setzt sich der Hund nach der vierminütigen Frist, wenn der Hundeführer zurückkommt, kann ihm eine Höchstpunktzahl von 5 Punkten zuerkannt werden. Erhebt sich ein Hund und nähert sich dem nächsten Hund, so dass ein Streit zu befürchten ist, wird die Übung abgebrochen und mit allen Hunden, mit Ausnahme des Hundes, der die Störung verursachte, wieder aufgenommen.

Ablegen in der Gruppe.

ÜBUNG 3: FREIFOLGE

Koeffizient: 3
Maximale Punktzahl: 30

Kommandos: Bei jedem Gangwechsel. Beispiel: »Fuß«

Übungsbeschreibung:
Die Arbeit bei Fuß wird unter wechselnden Gangarten in Verbindung mit Richtungsanweisungen, Drehungen und Kehrtwendungen geprüft. Der nicht angeleinte Hund sollte von selbst seinem Führer folgen, indem er sich links vom Hundeführer hält, mit dem Kopf oder der Schulter auf Kniehöhe des Hundeführers.

Wenn der Hundeführer stehen bleibt, muss der Hund sofort, ohne Kommando, die Stellung bei Fuß einnehmen. Der Führer sollte während dieser Übung die Arme in natürlicher Weise bewegen.Das Laufschema muss wenigstens zwei Stopps bei normaler und langsamer Gangart enthalten, zwei Kehrtwendungen bei normaler Gangart, eine Kehrtwendung bei langsamer Gangart und im Laufschritt, zwei Drehungen nach links und zwei Drehungen nach rechts bei jeder der Gangarten sowie zwei/drei Schritte aus dem Stand in unterschiedliche Richtungen.

Alle Hunde arbeiten nach dem gleichen Schema »bei Fuß« in einer jeweiligen Prüfung oder einem Wettbewerb.

Anmerkung:
Wenn ein Hund seinen Führer verlässt, oder wenn der Hund während des größten Teils der Übung dem Führer in einer Entfernung von mehr als einem halben Meter folgt, ist die Übung ungültig. Wenn sich der Hund langsam bewegt, sollten nur 6-7 Punkte zuerkannt werden. Kontaktverlust und zusätzliche Kommandos sind Fehler. Schlechtes Einhalten der Stellung bei Fuß sollte die Punktzahl um ungefähr 2 Punkte verringern. Macht der Hundeführer eine Kehrtwendung nach links (deutsche Wendung), darf der Hund rechts, jedoch sehr eng, um den Hundeführer herumgehen.

Positionswechsel aus dem Stand.

TRAININGSMÖGLICHKEITEN

Trainingserweiterung: Zwei/drei Schritte aus dem Stand in unterschiedliche Richtungen

Neben den wesentlich größeren Strecken in den verschiedenen Gangarten mit Winkeln und Wendungen ist die Teilübung »zwei/drei Schritte aus dem Stand in unterschiedliche Richtungen« die markanteste Anforderung in dieser Leistungsklasse. Dabei wird die Ausführung dieser Übung in den unterschiedlichsten Variationen gezeigt. Gleich welche Variante man wählt, wichtig dabei ist, dass der Hund immer einen sauberen Anschluss zeigt

Freifolge.

und eine korrekte, gerade Grundstellung einnimmt. Im Basistraining wurden bereits Grundlagen für diese Übung beschrieben.

Die Freifolge dauert etwa vier Minuten und ist für unseren Vierbeiner eine enorme Konzentrationsarbeit.

ÜBUNG 4: STEHEN, SITZEN UND PLATZ AUS DER BEWEGUNG

Koeffizient: 3
Maximale Punktzahl: 30

Kommandos: Anzahl 7
Beispiel: »Fuß«, »Steh«, »Fuß«, »Sitz«, »Fuß«, »Platz«, »Fuß«

Übungsbeschreibung:
Die Übung wird aus dem Schritt ausgeführt, und zwar in einem Quadrat von 10 m x 10 m mit dem Hund an der Innenseite (Drehung nach links). Der Hund sollte auf Kommando rasch in stehender, sitzender oder liegender Stellung anhalten.

Anmerkung:
Wenn der Hund in einer falschen Stellung anhält (z.B. »Sitz« statt »Platz«), können höchstens 7 Punkte zuerkannt werden. Um Punkte von einer gegebenen Stellung zu erzielen, muss der Hund auf das Kommando reagieren, bevor der Hundeführer die nächste Ecke des Quadrats passiert hat und mindestens zwei Stellungen müssen eingenommen werden. Bei der Benotung sollte auch auf die Arbeit »bei Fuß« geachtet werden. Langsames Bewegen und schlechte Arbeit »bei Fuß« sind Fehler.

Der Hundeführer sollte den Ecken des Rechtecks folgen und nicht im Kreis gehen.

Die Reihenfolge der Stellungen sind immer gleich.

Obedience 1	*Platz*
Obedience 2	*Sitz, Platz*
Obedience 3	*Steh, Sitz, Platz*

»Steh« - »Sitz« - »Platz« aus der Bewegung.

ÜBUNG 5: ABRUFEN MIT STEHEN UND PLATZ

Koeffizient: 4
Maximale Punktzahl: 40

Kommandos: Anzahl 8
Beispiel: »Platz«, »Bleib«, »Hier«, »Steh«, »Hier«, »Platz«, »Hier«, »Fuß«

Übungsbeschreibung:
Der Hund wird in die Stellung »Platz« gebracht und der Hundeführer entfernt sich ungefähr 25 Meter in die angegebene Richtung. Auf Anweisung ruft der Hundeführer den Hund zu sich. Wenn der Hund ungefähr ein Drittel der Entfernung zurückgelegt hat, erhält er das Kommando »Steh«.

Auf Anweisung ruft der Hundeführer den Hund erneut zu sich, und wenn dieser ungefähr zwei Drittel der Entfernung zurückgelegt hat, erhält er das Kommando zum Hinlegen. Auf Anweisung ruft der Hundeführer anschließend seinen Hund in Stellung »bei Fuß«.

Anmerkung:
Es ist wichtig, dass der Hund die Kommandos zum Heranrufen willig befolgt. Bei mehr als drei Kommandos zum Heranrufen beträgt die Höchstpunktzahl 6. Wenn die Kommandos »Steh« oder »Platz« gegeben wurden, sollte sich der Hund nicht weiter als das Dreifache seiner Körperlänge vorwärts bewegen. Langsames Bewegen ist ein Fehler: der Hund sollte sich in schneller Gangart, wenigstens im Trab, bewegen. Lässt der Hund eine Stellung aus, sollten nicht mehr als 7 Punkte vergeben werden. Wenn weder »Steh« noch »Platz« ausgeführt wurden bzw. wenn ein gegensätzliches Kommando ausgeführt wird, muss eine 0 erteilt werden.

TRAININGSMÖGLICHKEITEN

Trainingserweiterung:
Grundsätzlich ist der Trainingsaufbau für das »Steh« identisch mit dem Trainingsaufbau der Position »Platz«, der in der Leistungsstufe Obedience 2 beschrieben wurde. Wird vom Hundeführer ein Wurf mit dem Ball vorgetäuscht, orientiert sich der Hund nach der Wurf-

richtung und läuft in dieser Richtung vom Hundeführer weg, auch wenn es nur wenige Meter sind. Anschließend bleibt der Hund stehen, um nach dem Ball zu suchen. Das ist für den Hundeführer die Chance, das Kommando »Steh« auszusprechen. Danach erfolgt wieder die Bestätigung mit dem Ball über den Hund hinweg.

Speziell diese Übung sollte nur selten nach der Prüfungsordnung trainiert werden. Zu schnell würde der Hund an Arbeitsgeschwindigkeit verlieren, könnte er das Schema dieser Übung erkennen. Kombiniert man diese Aufgabenstellung jedoch mit dem Gerätetraining beim Turnierhundsport oder Agility, können wir diese Positionen wesentlich häufiger abrufen. Zudem erhält der Hund seine Bestätigung über das fortgesetzte Gerätetraining.

Woody beim Abrufen mit Steh.

ÜBUNG 6: VORAUSSENDEN IN EIN VIERECK

Koeffizient: 4
Maximale Punktzahl: 40

Kommandos: Anzahl 6
Beispiel: »Voraus«, »Steh«, »Box«, »Steh«, »Platz«, »Fuß«

Übungsbeschreibung:
Der Hund wird zu einem Kegel in einer Entfernung von ungefähr zehn Meter vom Ausgangspunkt geschickt. In Nähe des Kegels wird dem Hund das Kommando »Steh« gegeben, und er sollte diese Stellung im Umkreis von zwei Metern Radius vom Kegel einnehmen. Nach ungefähr drei Sekunden erhält der Führer die Anweisung, seinen Hund zu einem etwa 25 Meter vom Ausgangspunkt entfernten Bereich von 3 m x 3 m zu dirigieren, dessen Ecken jeweils mit einem solchen Kegel markiert sind. Sobald der Hund das Quadrat erreicht hat, erhält er das Kommando »Platz«. Auf Anweisung begibt sich der Führer zum Hund. In einer Entfernung von ungefähr zwei Metern vom Hund wird dem Hundeführer die Anweisung zu einer Wendung gegeben. Nach ungefähr zehn Metern kommt eine Wendung und die Rückkehr zum Ausgangspunkt. Nach ungefähr zehn weiteren Metern erhält er wiederum die Anweisung, im Weitergehen den Hund zu sich her zu rufen.

»Voraus zum Pylon«.

Anmerkung:
Um 10 Punkte zu erreichen, darf der Hundeführer während der Übung nicht mehr als sechs Kommandos verwenden. Danach gilt der Grundsatz, dass für jedes zusätzliche vom Hund befolgte Kommando 1 Punkt und für jedes nicht befolgte Kommando 2 Punkte abgezogen werden. Wenn sich der Hundeführer beim Erteilen der Kommandos vorwärts bewegt, ist die Übung ungültig (0 Punkte). Bewegt sich der Hundeführer übermäßig (Körpersprache), sollten nicht mehr als 8 Punkte vergeben werden. Der Hund sollte sich mit seinen vier Pfoten innerhalb des Kreises befinden, bevor dem Hundeführer Anweisung gegeben wird, ihn zum Quadrat zu dirigieren.

Einem Hund, der sich beim ersten Kegel hinsetzt oder hinlegt, sollten nicht mehr als 8 Punkte zuerkannt werden. Wenn sich der Hund außerhalb des Umkreises von zwei Metern Radius um den Kegel oder außerhalb des Quadrats hinlegt, ist die Übung ungültig. Für eine Punktvergabe muss sich der ganze Hundekörper innerhalb des Quadrats befinden. Jedoch sollte man einen Hund, von dem ein sehr kleiner Teil seines Körpers (z.B 1 cm der Nase oder des Schwanzes) sich außerhalb des Quadrats befindet, nicht strafen. Der Hund darf die liegende Stellung nicht vor dem Heranrufen aufgeben. Bewegt sich der Hund äußerst langsam, sollten nur um die 6 Punkte vergeben werden.

Der Winkel zwischen dem ersten Kegel und dem Viereck sollte 90° betragen.

Die Pylonen sollen nach den neuesten Vereinbarungen bei internationalen Wettkämpfen eine Standfläche von 16 x 16 Zentimeter aufweisen. Nimmt man nun das Maß von der Pylonenspitze bis zur Außenkante, verbleiben als tolerierter Spielraum gerade mal 8 cm, die sich der Hund außerhalb des Vierecks befinden darf. Andernfalls wird diese Übung mit 0 bewertet.

Des Weiteren besteht die Möglichkeit, die Eckpunkte des Vierecks mit einer weißen Linie zu verbinden.

Die Rute des Hundes wird nicht mehr beachtet, sie kann also auch außerhalb des Vierecks sein.

TRAININGSMÖGLICHKEITEN

Zerlegen der Übung:

1. Korrekte Grundstellung
2. Schnelles Vorauslaufen auf Anweisung zum einzelnen Pylon
3. Stehposition einnehmen beim Pylon
4. Schnelles Vorauslaufen auf Anweisung zum Viereck
5. Anhalten im Viereck in Verbindung mit Steh
6. Positionswechsel von Steh ins Platz (kann entfallen, falls der Hund im Viereck direkt ins »Platz« gerufen wird)
7. Liegen bleiben
8. Schnelles Herauslaufen aus dem Viereck auf Anweisung und Anschließen an den Hundeführer
9. Grundstellung einnehmen

2. Schnelles Vorauslaufen auf Anweisung zum einzelnen Pylon:

Wie auch beim Trainingsaufbau für das Viereck kann man bei dieser Teilübung über die Motivation Spielzeug oder Futter arbeiten. Nachdem man für den Hund gut sichtbar das Motivationselement hinter den Pylon gelegt hat, gibt man die Anweisung zum Vorauslaufen. Arbeitet man dabei mit Leckerchen, ist es sehr wichtig, eine für den Hund gut erkennbare Dose oder Schüssel zu verwenden. Es soll ja am Pylon keine Sucharbeit entstehen. Die Position »Steh«, die der Hund am Pylon einnehmen soll, sollte der Hund bereits über das Positionstraining er-

Kasper lernt, dass sich hinter dem Pylon die Futterschüssel befindet.

lernt haben. Hat der Hund diese Übung verstanden, legen wir das Motivationselement ohne Anwesenheit des Hundes aus. Die Vorbereitungsphase für diese Teilübung ist für den Hund dann nicht mehr erkennbar und er wird zuverlässig hinter den Pylon laufen.

Eine weiterführende Technik ist, wenn man das Motivationselement einige Meter hinter den Pylon, gut sichtbar für unseren Vierbeiner, auslegt. Der Hund wird dann aber direkt am Pylon in die Position »Steh« gerufen. Hat er diese Aufgabe erfüllt, darf er zu seiner Bestätigung weiterlaufen. Diese Technik kann man auch sehr gut in Verbindung mit dem Viereck anwenden.

4. Schnelles Vorauslaufen auf Anweisung zum Viereck:

Das Viereck wurde systematisch in den verschiedenen Leistungsstufen aufgebaut. Jetzt werden die Teilübungen »Vorauslaufen zum Pylon« und »Vorauslaufen in das Viereck« zusammengesetzt. Die Bestätigung beim Pylon und im Viereck sollten nie ganz abgebaut werden. Es genügt, wenn der Hund diese in einem Wettkampf nicht mehr vorfindet.

Nun haben wir die Schwierigkeit, dass sich das Viereck in einer Prüfung sowohl links wie auch rechts vom Pylon befinden kann. Somit muss unser Vierbeiner also auch lernen, auf eine Richtungsanweisung vom Hundeführer in eine bestimmte Richtung zu laufen, in der sich dann das Viereck befindet.

Eine weiterführende Übung wäre, wenn man zwei Vierecke aufbaut, die sich einmal links und einmal rechts vom Pylon befinden. Dadurch lernt der Hund, auf unsere Sichtzeichen zu achten. Er wird seine Bestätigung nur im richtig angelaufenen Viereck vorfinden. Dieses Training ist auch für die Übung 7 »Apportieren mit Richtungsanweisung« sinnvoll.

8. Schnelles Herauslaufen aus dem Viereck auf Anweisung und Anschließen an den Hundeführer: Inzwischen dürfte es keine Probleme mehr geben, dass der Hund so lange liegen bleibt, bis er eine andere Anweisung erhält. Die Teilübung, die wir nun trainieren, ist das Anschließen des Hundes an den Hundeführer auf Anweisung aus der Position »Platz« heraus.

Anfangs wird das Abrufen in einer geraden Linie zwischen Hund und Hundeführer trainiert. Dabei erhält der Hund immer ein Leckerchen, wenn er sich an das linke Bein des Hundeführers anschließt.

Wird diese Übung sicher gemeistert, geht man in gerader Richtung vom Hund weg, geht nach einigen Metern einen Winkel nach links und ruft den Hund wieder in die »Fußposition«. Wird auch diese Übung richtig ausgeführt, trainiert man das Ganze mit einem rechten Winkel. Durch diese verschiedenen Variationen sichert man die »Fußposition« ab.

Obedience 3

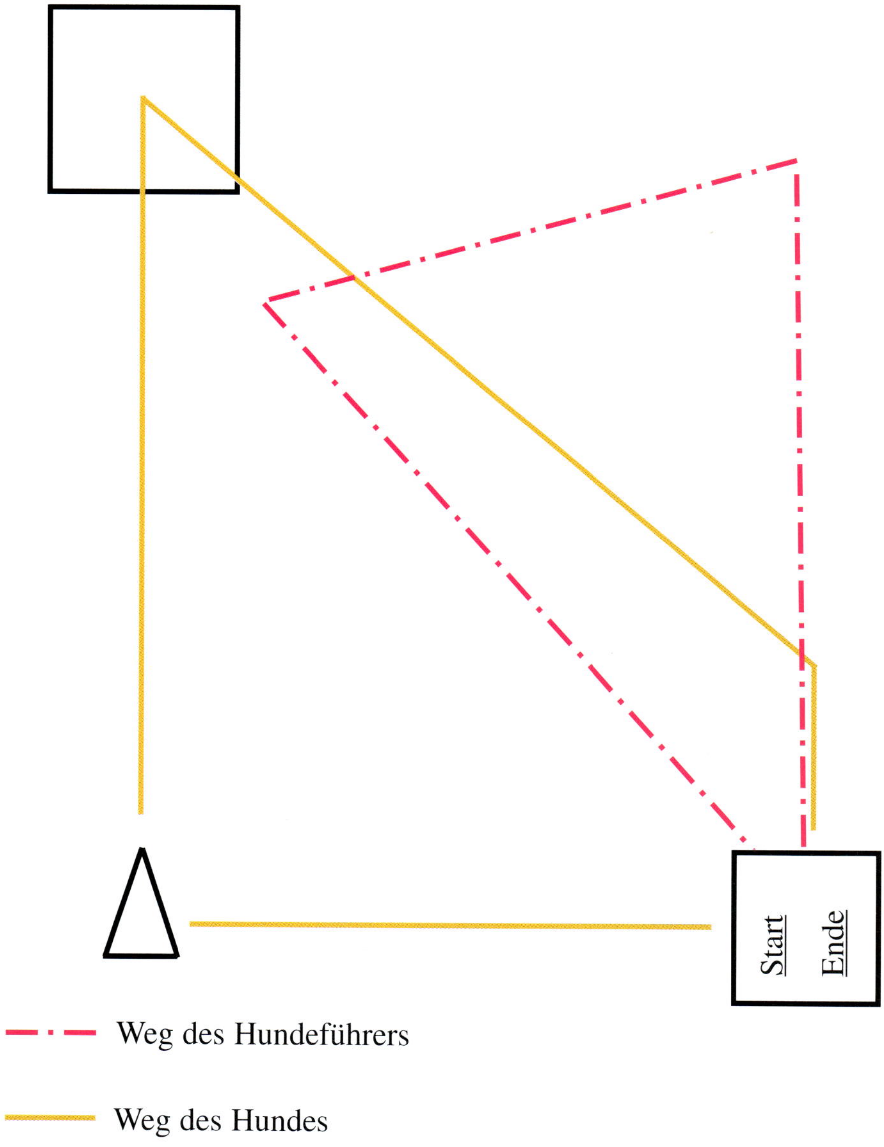

ÜBUNG 7: APPORTIEREN MIT RICHTUNGSANWEISUNG

Koeffizient: 3
Maximale Punktzahl: 30

Kommandos: Anzahl 5
Beispiel: »Voraus«, »Steh«, »Bring« mit Richtungsanweisung, »Aus«, »Fuß«

Übungsbeschreibung:
Drei Holzhanteln werden derart in einer Reihe platziert, dass sie leicht sichtbar mit ungefähr fünf Metern Abstand zueinander abgelegt sind. Der Führer und der Hund befinden sich ungefähr 20 Meter von der mittleren Hantel entfernt.

Der Hund wird zu einem Kegel in ungefähr zehn Meter Abstand vom Ausgangspunkt geschickt. Dem Hund wird beim Kegel das Kommando »Steh« gegeben, und er sollte nicht mehr als zwei Meter davon entfernt stehen bleiben.

Nach ungefähr drei Sekunden erhält der Hundeführer die Anweisung, den Hund zur ausgelosten Hantel (links bzw. rechts) zu dirigieren, die er apportieren und korrekt übergeben muss.

Anmerkung:
Der Steward platziert die drei Hanteln, nachdem durch Los entschieden wurde, welches apportiert werden muss. Die ausgeloste Hantel - links oder rechts - wird immer als Erste platziert. Während dieses Vorgangs halten sich der Führer und sein Hund gegenüber der mittleren Hantel auf.

ANMERKUNG: Die mittlere Hantel darf NIEMALS ausgelost werden!

Wenn der Hund losläuft, bevor das Kommando gegeben wurde, erhält er höchstens 7 Punkte.

Für eine Punktvergabe bei dieser Übung muss sich der Hund beim Kegel mit dem ganzen Körper innerhalb eines Umkreises von zwei Metern Radius befinden. Einem Hund, der sich beim Kegel hinsetzt oder hinlegt, sollten höchstens 8 Punkte zuerkannt werden. Zum Erreichen von 10 Punkten ist ein zusätzliches Kommando zur Richtungsweisung des Hundes statthaft.

Das bereitwillige Befolgen der Richtungsanweisungen durch den Hund sowie seine Schnelligkeit sollten besonders berücksichtigt werden. Nimmt der Hund eine falsche Hantel auf, ist die Übung ungültig (0 Punkte).

Kauen verringert die Punktzahl auf 7 Punkte, lang anhaltendes Kauen kann dazu führen, dass die Übung ungültig ist. Lässt der Hund die Hantel fallen, statt sie dem Hundeführer in die Hand zu übergeben, sollten nicht mehr als 7 Punkte vergeben werden.

Die Hantelgröße sollte der Größe des Hundes entsprechen.

TRAININGSMÖGLICHKEITEN

Trainingserweiterung:
Das Voraussenden zum Pylon habe ich bereits im vorhergehenden Kapitel behandelt. Das Apportieren mit Richtungsanweisung ist eine weitere Teilübung, die gesondert trainiert wird. Zunächst stellt man sich mit zwei Apporteln in den Händen direkt vor seinen Hund auf und legt in geringem Abstand links neben ihm ein Apportel aus, geht hinter dem Rücken des Hundes auf die andere Seite und legt im gleichen Abstand ein weiteres Apportel aus. Anschließend stellt sich der Hundeführer wieder vor seinen Hund. Es ist wieder sehr wichtig, dass wir unseren Hund in eine Grundanspannung versetzen. Wurde das Apportieren richtig aufgebaut, ist das allerdings kein Problem. Jetzt zeigt eine Hand auf ein bestimmtes Apportel und es wird die Anweisung zum Apportieren gegeben. Gleichzeitig bewegen wir uns mit dem Hund in diese Richtung. Sehen wir, dass der Hund unserer Körperhilfe folgt und das Apportel aufnimmt, bewegen wir uns rück-

wärts vom Hund weg. Somit erhalten wir für den Hund einen günstigeren Winkel, damit er gerade auf uns zulaufen kann und erreichen dadurch ein korrektes Vorsitzen. Im Laufe des Trainingsaufbaus verlagern wir Schritt für Schritt die zwei Apportel weiter nach hinten vom Hund weg. Erst wenn dieser Aufbauschritt sicher gezeigt wird, legt man ein weiteres Apportel hinzu.

Apport mit Richtungsanweisung.

Man kann dieses Apportel, wie bei den Geruchshölzern beschrieben, aufbohren und mit einem Zeltnagel am Boden befestigen. Auch der Übungsleiter kann die zwei Geruchshölzer, die nicht apportiert werden sollen, absichern. Hat der Hund diese Aufgabenstellung gelernt, verbindet man die Teilübung mit dem »Vorauslaufen zum Pylon«.

Obedience 3

Aufbauschritt 1

Die Apportel liegen neben dem Hund in angezeigter Richtung. Wenn nun der Hund auf das Apportel zuläuft, hat er es von der Auslegerichtung direkt zum Aufnehmen vor sich liegen.

Aufbauschritt 2

Die Apportel werden nun knapp hinter den Hund gelegt. Beachten muss man die geänderte Auslegerichtung der Hölzer. Wenn der Hund sich nun nach hinten umdreht, hat er wieder das Holz direkt zum Aufnehmen vor sich liegen.

Aufbauschritt 3

Die Entferung der Hölzer wird vergrößert. Das sind mehrere Aufbauschritte zusammengefasst.

Aufbauschritt 4

Erst wenn der Hund die Hölzer in den Vorübungen sicher apportiert, wird das dritte Holz dazugelegt. Dieses Holz darf der Hund nie apportieren. Bei diesem Aufbauschritt kann es möglich sein, dass man die Distanz zwischen Apportel und Hund wieder etwas verkürzen muss. Das kommt aber auf die Situation an.

ÜBUNG 8: METALLAPPORT ÜBER DIE HÜRDE

Koeffizient: 3
Maximale Punktzahl: 30

Kommandos: Anzahl 4
Beispiel: »Hopp«, »Bring«, »Aus«, »Fuß«

Übungsbeschreibung:
Der Führer stellt sich mit dem Hund bei Fuß in einem Abstand von ungefähr drei Metern gegenüber der Hürde auf. Der Führer wirft eine Hantel aus Metall über die Hürde. Auf Anweisung befiehlt der Hundeführer dem Hund, über die Hürde zu springen und die Hantel zu apportieren.

Anmerkung:
Das Kommando zum Apportieren sollte in dem Moment gegeben werden, in dem der Hund zum Sprung ansetzt, nicht später. Die Hürde sollte einen Meter breit und vollflächig sein. Sie sollte die Schulterhöhe des Hundes, aufgerundet auf die nächsten 10 cm, nicht überschreiten und höchstens einen Meter hoch sein. Wenn der Hund vor Erteilen des Kommandos losläuft, die Hantel kaut oder die Hantel fallen lässt, kann er nicht mehr als 7 Punkte erhalten. Wenn der Hund beim Wurf der Hantel losläuft, bevor diese auf dem Boden auftritt, erhält er 0 Punkte. Wenn der Hund beim Sprung auch nur leicht die Hürde berührt, sollten nicht mehr als 8 Punkte vergeben werden.

Das empfohlene Hantelgewicht liegt zwischen ca. 175 g für kleine Hunde und 650 g für große Hunde.

TRAININGSMÖGLICHKEITEN

Trainingserweiterung:
Nachdem der Hund ohne Probleme Metall apportiert, kombiniert man diese Übung mit dem Hürdensprung. Dabei ist zu beachten, dass das Metallapportel, wenn der Hund nach dem Sprung auf dem Boden landet, einen weitaus größeren Druck auf die Zähne erzeugt als ein Holzapportel.

Aus diesem Grund beginnt man diese Übung mit geringer Hürdenhöhe und steigert sie nur sehr langsam.

Es steht zur Diskussion, das Gewicht des Metallapportels generell auf 200 g festzusetzen. Bei Zwergrassen sollen höchstens 100 g - 125 g verwendet werden.

Metallapport - für Woody kein Problem.

ÜBUNG 9: GERUCHSUNTERSCHEIDUNG AUS 6 GEGENSTÄNDEN

Koeffizient: 3
Maximale Punktzahl: 30

Kommandos: Anzahl 4
Beispiel: »Such«, »Bring«, »Aus«, »Fuß«

Übungsbeschreibung:
Vor Beginn der Übung 3 oder wenn der Wettbewerb unterteilt ist, bei Beginn des zweiten Teils erhält jeder Hundeführer einen Gegenstand aus Holz zum Apportieren (8-10 x 2 cm), der mit der Startnummer des jeweiligen Teams gekennzeichnet ist.

Zu Beginn der Übung wird der Gegenstand dem Steward übergeben. Der Hundeführer wird gebeten sich umzudrehen, und der Steward legt den Gegenstand des Hundeführers - ohne ihn zu berühren - mit fünf gleichartigen, berührten Gegenständen kreisförmig in den Positionen 11, 12 oder 1 Uhr oder in einer Reihe ungefähr zehn Metern vom Hundeführer entfernt aus. Auf Anweisung gibt der Hundeführer dem Hund das Kommando zum Apportieren (des Gegenstandes des Hundeführers). Der Hund sollte den Gegenstand des Hundeführers finden und ihm denselben bringen.

Anmerkung:
Der Hund darf den Holzgegenstand weder berühren noch daran schnuppern, bevor dieser dem Steward übergeben wird. Sollte dies doch vorkommen, ist die Übung ungültig. Besonders zu beachten sind die Arbeitswilligkeit des Hundes und seine Schnelligkeit. Wenn der Hund vor Erteilen des Kommandos losläuft, an dem Gegenstand kaut oder ihn fallen lässt, bevor er dazu aufgefordert wurde, sollten höchstens 7 Punkte vergeben werden. Nimmt der Hund einen falschen Gegenstand auf, ist die Übung ungültig. Pro Team sollten sechs neue Gegenstände vorhanden sein. Dem Hund steht für diese Übung nicht mehr als eine Minute zur Verfügung.

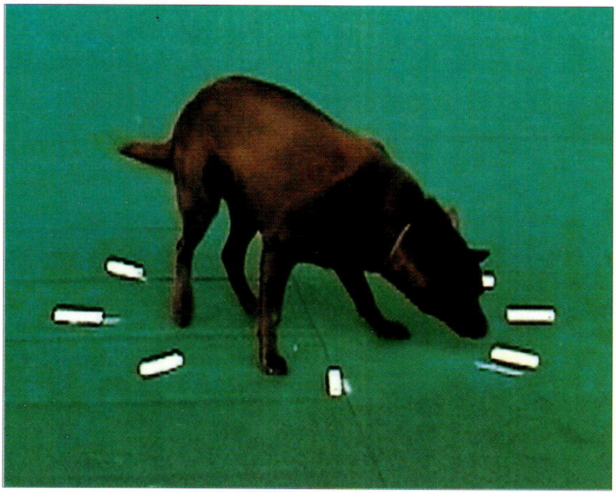

Geruchsunterscheidung bei der WM in Amsterdam.

ÜBUNG 10: KONTROLLE AUF DISTANZ

Koeffizient: 4
Maximale Punktzahl: 40

Kommandos: Anzahl 8
Beispiel: »Platz« »Sitz«, »Steh«, »Platz« je nach Anforderung »Sitz«

Übungsbeschreibung:
Der Hund befindet sich in liegender Stellung auf dem bezeichneten Platz. Auf Anweisung verlässt der Hundeführer den Hund zu einer angegebenen, ungefähr 15 Meter vom Hund entfernten Stelle. Der Steward gibt dem Hundeführer per Handzeichen an, in welcher Reihenfolge der Hund die Stellung wechseln soll. Der Hund sollte sechsmal die Stellung wechseln. Die letzte Stellung sollte »Platz« sein.

Anmerkung:
Vor dem Hund wird mit Hilfe einer imaginären Linie zwischen zwei Pfählen eine Grenze gezogen. Dabei sollten besonders die Geschwindigkeit beachtet werden, mit welcher der Hund die Stellung wechselt und in welchem Maße er sich bewegt. Für eine Punktvergabe sollte der Hund sich vom Ausgangspunkt nicht weiter bewegen als einmal seine Körperlänge jeweils in einer Richtung. Wenn der Hund eine Stellung von sechs auslässt, sollten nicht mehr als 7 Punkte vergeben werden. Der Hund muss wenigstens fünfmal seine Stellung wechseln, um Punkte zu erhalten. Der Steward sollte drei Sekunden zwischen jedem Wechsel der Kommandozeichen warten. Die Kommandos des Hundeführers, gesprochen oder durch Handzeichen, sollten nicht übertrieben sein. Setzt sich der Hund vor Rückkehr des Hundeführers auf, sollten nicht mehr als 8 Punkte vergeben werden.

Diese Bestimmungen wurden vom Generalkomitee der FCI in Brüssel im November 1999 genehmigt. Sie treten ab 1. Januar 2001 in Kraft.

Steh